Le temps
de le dire

Pauline Dion

Le temps de le dire

RICHARD
VÉZINA
ÉDITEUR

Catalogage avant publication de Bibliothèque et Archives nationales du Québec et Bibliothèque et Archives Canada

Dion, Pauline, 1944-

　Le temps de le dire

　ISBN 978-2-923788-02-9

　1. Personnes âgées – Québec (Province) – Montréal - Entretiens. 2. Hochelaga-Maisonneuve (Montréal, Québec) – Conditions sociales – 20ᵉ siècle. I. Titre.

HQ1064.C3D56 2010　　　　305.26092'271428　　　　C2010-940410-6

Dépôt légal – Bibliothèque et Archives nationales du Québec, 2010
Dépôt légal – Bibliothèque et Archives Canada, 2010

ISBN : 978-2-923788-02-9

Éditeur : Richard Vézina

Photos de l'intérieur du livre : Michel Demers et Jacques T. Lamontagne
Correction : Julie Lalancette
Infographie et page couverture : Andréa Joseph [pagexpress@videotron.ca]

RICHARD
VÉZINA
ÉDITEUR

Table des matières

Afin de préserver leur anonymat, les participants,
lorsqu'ils sont cités, sont identifiés
par les symboles ♀ (pour femme)
ou par ♂ (pour homme),
suivis de leur âge.

Les citations précédées de ♡♡♡
sont les coups de cœur de l'auteure.

AVANT-PROPOS

L'idée germait depuis bien avant la prise de la retraite. Me faire plaisir et prendre le temps d'écrire. Mais écrire pour écrire? Pour qui, pour quoi?

Et puis le hasard m'a fait retrouver un vieil ami au pied d'un escalier. Il travaille avec des aînés. Non, pas vraiment pour recueillir des histoires de vie, mais pour faciliter des échanges, tracer un cheminement pour faire jaillir de leur mémoire leurs bons coups, leurs réussites, leurs talents, tous ces trésors enfouis au creux de leur existence. «Pourquoi?» demandent les aînés qui participent à ces ateliers. Pour retrouver l'estime de soi, sa valeur propre, pour vieillir heureux quoi! Le grand mot était lâché.

Les aînés, c'est comme le bon vin. Plus on connaît, plus on aime. Nous n'avons pas pu, pas voulu les abandonner à la fin des ateliers. Quoi faire? Continuer de les faire parler. Cela fut le début d'une merveilleuse aventure.

Les personnes âgées que j'ai eu la chance de rencontrer au cours des ateliers ne méritent pas d'être mises au rancart de la société, écartées des débats et privées du micro. J'ai connu des hommes et des femmes aux raisonnements articulés, qui ont des opinions et un grand désir de les communiquer. Non pas que leurs commentaires soient irremplaçables, mais leur singularité tient justement dans l'éclairage qu'apporte leur longue expérience de vie.

Ce livre veut contribuer à corriger l'image négative des aînés trop souvent véhiculée qui fait peser plus concrètement le poids des changements démographiques sur les générations suivantes. Je crois sincèrement qu'on a, au contraire, tout à perdre à opposer les citoyens encore sur le marché du travail aux citoyens retraités. Les personnes interviewées dans ce document ont été, en leur temps, des citoyens au travail. Depuis qu'elles ont laissé leur place à de plus jeunes, elles font tout pour se garder en forme, physiquement et intellectuellement. Et elles continuent d'avoir des idées !

Mes profonds remerciements vont aux aînés qui ont accepté de m'accorder leur temps et m'ont ouvert leur porte et leur cœur. Je tiens à souligner l'appui soutenu de Lorraine Gagné, directrice de la Maison des aînés Hochelaga-Maisonneuve, qui a cru en ce projet et l'a encouragé durant toute sa réalisation. Sans mes dévouées correctrices, Suzanne Côté-Gauthier et Monique Lortie, le plaisir de lire serait gâché par endroits. Enfin, je dois un remerciement spécial à Paul-André Linteau qui a accordé de son précieux temps à la relecture du texte.

La publication de ce document a été rendue possible grâce à une subvention du programme fédéral Nouveaux Horizons pour les aînés et à l'aide financière de la Fondation François-Bourgeois.

INTRODUCTION

Tout comme la vieillesse n'est pas l'âge d'or promis, le quartier Hochelaga-Maisonneuve n'en est pas un de perdition. Les mythes ont la vie dure, aussi ne fallait-il pas rater l'occasion de les battre en brèche.

Ancien quartier industriel prospère, Hochelaga-Maisonneuve a périclité au rythme des crises économiques qui ont amené délocalisations d'entreprises, chômage, pauvreté et toutes les misères s'y rattachant. Cependant, il ne faut pas croire que les résidants ne peuvent pas y vivre normalement. Les aînés qui prennent la parole dans ce livre vieillissent sereinement, avec un sentiment de sécurité. Le choix du quartier n'est pas anodin. Nous avions été frappés, lors des ateliers, par la joie de vivre qui émanait des personnes âgées de ce quartier à mauvaise réputation. En cours d'entrevue, elles ont d'ailleurs répliqué à ceux qui le dénigrent et ont fait valoir les améliorations apportées à la qualité de vie par les autorités locales.

Je n'ai pas la prétention de présenter ici un portrait sociologique des aînés de Montréal, ni même du quartier Hochelaga-Maisonneuve. Notons cependant quelques traits qui unissent les participants aux entrevues. Ils ont évolué dans un quartier homogène de classe ouvrière, à forte majorité francophone, blanche et catholique. En notant leur âge qui couvre deux générations, on remarquera à l'occasion une continuité dans les propos.

Lorraine Gagné, directrice de la Maison des aînés Hochelaga-Maisonneuve, a guidé mes pas vers des aînés qui participent aux activités de la Maison et de divers organismes du quartier. Tous ont accepté de bonne grâce de se prêter à une entrevue. « Si cela peut vous aider, je veux bien vous rencontrer », me répondirent quelques personnes.

Entre mars et septembre 2009, j'ai rencontré 32 personnes, individuellement, lors d'entrevues ouvertes d'environ 1 heure 30 minutes chacune, portant sur des thèmes universels, tels que la santé, la religion, les changements technologiques, les relations intergénérationnelles, les loisirs, la vie amoureuse, l'engagement social, la violence, la pauvreté et la solitude. Ces 32 aînés ont raconté des tranches de leur vie, exprimé des doutes, affirmé leurs certitudes, se sont parfois inscrits en faux contre les pratiques courantes. Ils ont parlé avec leur cœur et je les ai écoutés avec attention. Ils ont répondu avec leur sens commun et ont émis des opinions faites d'expérience, de connaissances et aussi de préjugés.

Le groupe est composé de 11 hommes et de 21 femmes dont l'âge s'étend de 61 à 90 ans, pour une moyenne de 75 ans. Quinze d'entre eux vivent en couple, les dix-sept autres se répartissent ainsi : quatre célibataires, une divorcée, un veuf et onze veuves.

Ils ne sont pas tous nés dans le quartier Hochelaga-Maisonneuve, mais la majorité y vivent depuis déjà longtemps. Onze vivent dans une habitation pour aînés, alors que tous les autres sont en logement. On compte quatre propriétaires résidentiels, et huit possèdent une voiture. Précisons que trois personnes se déplacent en fauteuil roulant, trois utilisent un déambulateur, alors que la canne est nécessaire à deux autres. Voilà pour le profil des aînés interrogés.

Pour faciliter la lecture, les extraits d'entrevues ont parfois été retouchés mais toujours dans le plus grand respect de l'esprit des propos. Comme il est de coutume, le masculin inclut le féminin, à moins d'indication contraire. Je m'étais engagée à respecter l'anonymat des propos tenus, aussi les opinions et commentaires des répondants ne sont identifiés que par le sexe et l'âge. On trouvera cependant la liste complète des participants à la fin du livre.

Ce livre est le complément du documentaire intitulé *Vieillir heureux* de Michel Demers qui met en vedette sensiblement les mêmes personnes. Le film les montre en action, le livre leur donne la parole.

Le recueil s'adresse en priorité aux aînés qui sont trop silencieux parce qu'ils craignent de ne plus être entendus sur la place publique. Il veut les convaincre qu'ils ont encore un rôle à jouer dans la société actuelle, un rôle de transmission, bien sûr, mais aussi de réflexion et d'échange sur les grands débats de notre société. Nous avons grand besoin de leur apport. Laissons-leur toute la place qui leur revient. Et écoutons-les !

CHAPITRE UN

LES LOISIRS

« UNE CHOSE QUE LA VIE M'A APPRISE, C'EST QUE PLUS UNE ACTIVITÉ EST RARE,

PLUS ELLE EST APPRÉCIÉE. »

(🛉, 63 ANS)

Il y a plusieurs décennies, on nous a annoncé la civilisation des loisirs. Et puis est apparue l'illusion de la «liberté 55», qui devait permettre d'être en vacances au soleil toute l'année. La réalité est plutôt que les retraités remplacent souvent le travail par d'autres occupations, dont une grande part est consacrée aux loisirs. Par loisirs, il faut entendre divertissements, activités culturelles et sportives.

Certains avouent avoir suivi des cours de toute sorte avant de trouver ce qui leur convenait. Poterie, sculpture, peinture, ateliers d'écriture, méditation, broderie, scrapbooking, écoute, développement personnel : la liste est longue. « *Quand un cours donné au CCSE (Centre culturel et sportif de l'Est) intéressait mon mari, il y allait.* » (🛉, 79 ans)

Comme le dit si bien une dame de 73 ans : « *La piscine, les fleurs et le parterre en été, en hiver un peu de déneigement, je tricote et je lis beaucoup, j'ai beaucoup fait de la couture, des activités bénévoles. Je suis intéressée par pas mal de choses, alors je suis occupée presque tout le temps.* »

Plusieurs personnes approchées dans le cadre de ce livre ont dû regarder leur calendrier avant de fixer une date d'entrevue. Elles ont d'abord les inévitables rendez-vous et examens médicaux, mais elles sont aussi inscrites à quantité d'activités physiques, culturelles et sociales.

Un aîné de 86 ans explique : « *Avec toutes mes activités, cela a donné à mon fils l'idée de m'offrir un agenda pour éviter que j'oublie quelque chose. Je ne sais pas si c'est une question d'âge, mais j'ai tellement de choses à faire que j'ai peur d'oublier. C'est pour ça que je veux les noter. Mais je crois qu'en restant très actif de la tête, cela permet de garder davantage notre mémoire.* »

Les femmes sont-elles plus actives que les hommes ? Je n'ai rien trouvé qui puisse répondre à cette question. Il est vrai que, dans la génération des 70-90 ans, les femmes étaient encore peu nombreuses sur le marché du travail. Aussi, c'est l'homme, dans le couple, qui prenait officiellement sa retraite et qui avait besoin alors d'apprendre à s'occuper. « *J'ai tourné en rond dans la maison pendant un an, pendant que ma femme continuait ses activités culturelles et bénévoles. Un jour, je l'ai accompagnée dans son bénévolat. Et j'y suis resté. Je sais ce que j'ai à faire maintenant.* » (♂, 78 ans)

Le vieillissement est aussi une période de retour sur soi, sur sa vie passée. On se sent plus fragile physiquement, et la manière de profiter du temps qui reste est personnelle. « *Je veux penser à moi maintenant. Je suis dans une phase très égoïste. Je me suis déjà beaucoup donnée, et si je veux continuer d'être autonome, je dois faire attention à moi.* » (♀, 73 ans)

Évidemment, les loisirs sont choisis selon le tempérament et les acquis de chacun.

« *Je ne m'ennuie jamais. Si parfois la maison m'ennuie, alors je sors. Je suis plutôt active. Il peut m'arriver de tourner en rond, mais cela ne dure pas longtemps, je trouve quelque chose à faire ou un endroit où aller.* » (♀, 73 ans)

Un autre aîné trouve du réconfort dans ses distractions : « *Ce qui me repose aussi, c'est d'aller parler avec les personnes âgées du CHSLD (centre d'hébergement de soins de longue durée) où était ma mère… Avec ces aînés, je me rappelle ma jeunesse, et cela me plaît beaucoup. Mes racines sont là et cela me fait du bien de les retrouver.* » (🏃, 68 ans)

S'il y a un domaine qui s'est bien adapté à la condition des aînés, c'est celui des loisirs. Plus que le bénévolat et l'engagement social qui imposent souvent des horaires précis et requièrent une disponibilité constante, les activités de loisirs peuvent être adaptées aux capacités physiques des aînés.

Activités physiques

Il y a la marche, le tai chi, l'aquaforme, la stimulation cardiaque, les exercices « *tels que ma fille me les a montrés* ». Il y a aussi le vélo et même la moto : « *Mon plaisir, ce n'est plus la vitesse, c'est plutôt de me promener dans les ruelles de Montréal et d'en redécouvrir les beautés chaque fois, même si je les connais depuis 72 ans.* »

« *On n'est pas obligés de faire des sports violents. La pétanque, ça a l'air niaiseux, mais ça fait travailler les bras ; les quilles, c'est un autre exercice. Quand on sort, je retrouve ma gang et ma femme la sienne. On s'évade. Si tu restes tout seul avec ta femme à longueur de journée, tu finis par déprimer.* » (🏃, 78 ans)

Et puis il y a la danse en ligne qui se pratique un peu partout, en mélangeant les générations, par exemple sur la place du Marché Maisonneuve en été et à l'intérieur le reste de l'année. On apprécie l'exercice, la musique : « *J'adore écouter la musique de la danse en plein air du CCSE depuis ma maison, quand je ne me sens pas assez en forme pour aller danser.* » (🏃, 84 ans) Divertissement cher à toutes les générations, la danse est symbole de socialisation, de sortie, de plaisir. « *J'ai tellement dansé dans ma vie. C'est une des choses que je regrette le plus, de ne plus pouvoir danser.* » (🏃, 84 ans) Ses faibles jambes lui laissent encore le loisir de se dandiner derrière son déambulateur au son de la musique.

Jeux de société

Les aînés du quartier organisent aussi des jeux d'équipes ; ils se rencontrent chaque semaine et évoluent selon un calendrier qui culmine sur une compétition finale. C'est important pour motiver et stimuler les participants. Que ce soit chez l'ASTA (Amitié, services et troisième âge), au CCSE ou au PEC (Pavillon d'éducation communautaire), « *moi, je vais jouer avec des amis* ». (♂, 86 ans)

« *Le jeu de poche est assez exigeant physiquement. On compose un groupe d'une vingtaine de personnes. C'est très sérieux. Les gens paient et forment deux équipes et, à la fin de l'année, l'argent amassé est redistribué à chacun selon qu'il appartient à l'équipe gagnante ou perdante. Cela motive, tout le monde veut jouer pour gagner. On a beaucoup de demandes car c'est un jeu très apprécié, mais il faut se limiter en nombre sinon cela devient trop compliqué.* » (♂, 80 ans)

Tous les mardis, c'est jour de bingo au local de l'ASTA. Les membres se retrouvent d'abord pour le dîner. La veille, la présidente a préparé de la soupe et des gâteaux pour une vingtaine de personnes. Son mari transporte la nourriture au local où de fidèles bénévoles aident à la préparation des sandwiches qui complètent le repas. C'est le menu d'été. Le reste de l'année, la présidente prépare un repas chaud chez elle. Pendant une heure, d'autres se joignent à eux, munis de leur équipement : jetons et bâtons magnétiques.

À 13 heures, la salle est pleine, la vente de cartes de bingo commence. Le silence tombe quand le meneur de jeu prend sa place derrière le tambour de boules numérotées. Il annonce l'enjeu de la prochaine partie : « Un bingo régulier pour 15 $. » Le micro répercute sa voix. Il prononce lentement : « G 34 », il répète en décomposant le chiffre : « G 3-4 ». Des mains expérimentées posent rapidement les jetons sur le N 34 d'une douzaine, voire d'une vingtaine de cartes et même plus. D'autres chiffres suivent. Puis, un petit cri : « Bingo ! »

Tout s'arrête, les têtes se lèvent et tous écoutent religieusement la lecture de la carte gagnante. Voilà, c'est fini pour cette partie, on peut en recommencer une nouvelle. Les bâtons magnétiques balaient les cartes, on les débarrasse de leurs jetons cerclés d'un fil de métal dans des coffres et des boîtes à cet effet. On se remet en position d'attente, les yeux rivés sur le meneur de jeu, qui saisit la première boule de la partie suivante. Et c'est reparti !

On passe ainsi quelques heures ensemble, entre amis et connaissances, on sait qu'avant de partir on continuera la conversation entamée pendant le repas. Une autre belle journée avec l'ASTA ! À mardi prochain !

Pendant au moins deux heures, les participants âgés de 60 à 90 ans ont fait appel à leur coordination, à leur concentration, à la rapidité de leurs mouvements et ont exercé leur vision latérale. Futile et inutile le bingo, dites-vous ?

Dans la salle, trois hommes pour une trentaine de femmes. Les hommes n'aiment pas le bingo, paraît-il. « *Moi, je viens reconduire ma femme toutes les semaines, parfois je suis obligé de remplacer une joueuse, mais vraiment, je trouve cela plate, le bingo. Rester assis deux heures à placer des pitons sur des cartes, je n'aime pas ça.* » (♟, 78 ans)

À l'ASTA, comme à la MAHM (Maison des aînés Hochelaga-Maisonneuve), comme au CCSE, il s'agit d'un petit bingo, petit par le nombre de joueurs, par le coût des cartes et par les gains. Il y a aussi des gros bingos. Mais ces gros bingos représentent aussi plus de risques financiers pour les personnes âgées. C'est la mise en garde faite par une interviewée.

« *Je joue au bingo avec un groupe d'amis tous les dimanches soirs, un gros bingo qui coûte 28 $ pour jouer mais où on peut aisément dépenser en moyenne de 80 $ à 90 $ en achetant des extras. Si vous saviez l'argent qui se dépense là, c'est terrible. Mettez les cartes à 25 $ pour jouer une fois par semaine, cela fait 100 $ par mois et 1 200 $ pour l'année. Moi* *je trouve que c'est beaucoup d'argent. Alors je me limite à une fois la semaine et je ne prends aucun billet d'extra.*

« Une chose que la vie m'a apprise, c'est que plus une activité est rare, plus elle est appréciée. Si vous mangez au restaurant plusieurs fois par semaine, vous n'aimez plus autant la sortie. Aussi je me limite à un bingo par semaine et une sortie au resto de temps en temps, pour continuer d'apprécier ces activités. » (♀, 63 ans)

Activités culturelles

Les aînés s'adonnent aussi à des activités culturelles tout autant que l'ensemble de la population. Certains ont leurs habitudes de cinéma, seuls ou avec des amis. D'autres se paient un abonnement de saison au théâtre. Une jeune retraitée a assisté aux concerts populaires au Centre Pierre-Charbonneau : *« C'est fantastique, on a de grands artistes, c'est vraiment une belle sortie que je me paye de temps en temps. »* (♀, 63 ans)

On regarde la télévision, surtout les nouvelles «pour se tenir au courant», mais peu nombreux sont ceux qui vouent un culte assidu au petit écran. Cependant, quelques couples se sont équipés d'un deuxième poste *« car on n'aime pas les mêmes émissions »*.

Les membres du groupe lisent un peu, plusieurs ont été opérés pour les cataractes qui laissent les *« yeux fragiles »*, disent-ils. Ils fréquentent la bibliothèque du quartier, mais le plus souvent celle qui se trouve dans la salle communautaire de leur habitation. Mots croisés, mots cachés, casse-tête, jeux sur Internet ; ils gardent plusieurs fers au feu.

Contrairement à ce qu'on nous répète sur tous les tons, la vie en habitation pour aînés n'est pas nécessairement synonyme de solitude, pas plus que la limitation de la mobilité ne confine les aînés à leurs chambres. Une dame se déplace lentement derrière son déambulateur.

« *La télé le soir, la musique à la radio le jour. Mais je ne suis pas souvent dans mon appartement, je vais souvent au petit salon faire du casse-tête, jouer aux cartes ou simplement parler avec les gens qui y sont aussi. Je vais aussi en bas pour les activités qui m'intéressent beaucoup. Cette semaine, je ne suis libre que vendredi. Je tricote et lis un peu mais je n'ai pas beaucoup de temps. Hi hi hi!* » (♀, 84 ans)

L'écriture est aussi une activité créatrice qui représente une véritable source de bonheur pour quelques aînées. «*J'écris beaucoup, chez moi, j'ai plein de cartables, je fais ma monographie qui consiste à raconter un événement à chaque année de ma vie de 1940 à 2009. J'ai aussi écrit un livre que j'appelle Testament spirituel. Ces cahiers sont tous décorés de plumes d'oiseaux et d'écorces d'arbres. Ce sont des témoignages que j'ai écrits à l'intention de mes enfants qui auront le droit d'en prendre possession après ma mort. J'ai bien écrit dessus: Ne pas détruire. J'ai aussi fait des montages de photos pour raconter l'histoire de ma famille, de ma vie avec mes enfants et leur père.* » (♀, 69 ans)

D'autres s'intéressent à leur histoire familiale, à leurs racines, ou consignent leurs réflexions, leurs poèmes et leurs pensées.

Activités sociales

Il semblerait que la fragilisation du corps est compensée par la solidification du réseau social et familial. Les amis deviennent plus importants, les descendants et ascendants, plus proches. Tous les aînés rencontrés n'évoluent pas au sein de grandes familles ou de larges cercles d'amis. Mais tous ont des points d'ancrage affectifs bien identifiés.

Une dame sans enfants a senti, pour sa part, le besoin d'entreprendre une recherche sur ses ancêtres. Elle a intéressé des neveux de deux générations qui se sont investis avec elle dans son travail. Serait-ce là une autre façon de déclarer son appartenance, de s'insérer dans son arbre familial?

Les aînés reçoivent aussi la famille, les membres de leur fratrie quand ils ont la chance de bien s'entendre, mais surtout les enfants et leur progéniture si, par bonheur, ils habitent à proximité. Mais pas question de réunir la famille à la maison ou dans son appartement. Car la génération des petits-enfants est souvent plus nombreuse que celle des enfants. Alors les vieux parents reçoivent dans la grande salle communautaire de leur habitation qu'ils ont réservée pour l'occasion.

Ils sont aussi souvent invités chez les enfants, pour un repas familial, une soirée ou pour plus longtemps. *« Je passe l'été au chalet d'une de mes filles où j'organise des loisirs comme j'ai fait toute ma vie. Pour les jeunes et les moins jeunes. » (🚹, 86 ans)*

Les aînés reçoivent les amis à la maison, voyagent avec eux, les rencontrent sur la rue, s'adonnent à des activités ludiques ou bénévoles avec eux. Quand ils sortent de la maison, ils sont presque toujours assurés de croiser un visage connu. Parce qu'ils ont passé leur vie dans ce quartier, ont développé des liens divers avec quantité de personnes, et qu'avec l'âge ils ressentent davantage le besoin de se sentir vivants et d'être reconnus par les vivants.

« Chaque mois, nous avons un souper d'amis du quartier. C'est une tradition vieille de 25 ans qui a commencé avec le club social de l'ASTA. Le groupe a commencé avec huit personnes, a même atteint la quarantaine, puis, à la suite de décès et de maladies, il s'est stabilisé autour de vingt-deux personnes. (🚹, 76 ans)

Les voyages

Les aînés ne sont pas du tout sédentaires. Ils réagissent aux offres de voyages organisés pour eux, ils en organisent eux-mêmes et décident des itinéraires. De mars à octobre, ils restent ouverts aux voyages longs ou courts.

Il s'agit parfois de sorties d'une journée, comme aller à la cabane à sucre au printemps ou visiter les vergers à l'automne, aller au casino de Hull, de Mont-Tremblant et de Montréal en toute saison. Mais ils partent aussi pour de longs voyages de groupe en autobus.

Ils visitent le grand Québec : les Îles-de-la-Madeleine, la Côte-Nord, l'Abitibi-Témiscamingue, la Baie-James. Un couple s'est même muni d'un lecteur vidéo afin d'agrémenter les longues heures où ils sont confinés à leurs sièges d'autobus. Deux amies sont revenues ravies cet été d'une croisière en Alaska, en passant par Vancouver et Victoria. Elles préparaient ce voyage depuis si longtemps. Ils revisitent les lieux de pèlerinage : Sainte-Anne-de-Beaupré, Cap-de-la-Madeleine.

« *Auparavant, mon mari et moi faisions un voyage par mois ; une année, nous avons fait 14 voyages, maintenant on en fait un peu moins. De toute façon, on a moins de demandes pour les voyages organisés, car cela coûte cher. Certains voyages sont organisés par nous au sein de l'ASTA, mais nous voyageons aussi avec d'autres groupes.* » (♀, 80 ans)

Un couple ami confirme : « *Nous voyageons avec des organisations différentes car c'est moins cher en groupe. C'est aussi plus intéressant car on rencontre de nouvelles personnes et on ne s'ennuie jamais.* »

Une autre aînée se rend seule visiter des amis à Saint-Jérôme, ce qui ne l'empêche pas de rêver tout en profitant de sa liberté. « *Je voyage en autobus et je vais à la campagne. J'aime ça, c'est comme si j'étais une vraie voyageuse. Je n'ai pas de valises, mais j'aime m'asseoir dans les autobus Voyageur.* » (♀, 66 ans)

« *Je profite des voyages et excursions de la FADOQ (Fédération des clubs d'âge d'or du Québec) avec ma sœur qui est membre. C'est là que je rencontre des personnes âgées, qui sont vivantes, même avec des cannes et des marchettes.* » (♀, 78 ans)

Ou encore cette dame de la MAHM, qui a encore bon pied, bon œil. Elle porte à merveille ses 85 ans et bénéficie d'une grande vitalité. Elle n'hésite pas à se déplacer pour aller à la rencontre de nouveaux amis.

« Je vais aller découvrir un groupe d'Anjou dont on m'a parlé. Il s'agit d'un dîner suivi d'une danse. Je me déplace en transports en commun, donc je prends l'autobus puis le métro, suivis d'un autre autobus, et je descends à la porte du centre des loisirs. Quand on m'a parlé de ce groupe, j'y suis allée toute seule, comme en reconnaissance, alors que je n'étais jamais allée à Anjou, en me disant que si je voulais connaître et savoir ce qui s'y passe, je devais y aller. » (♀, 85 ans)

CHAPITRE DEUX

LA VIE AMOUREUSE

« *L'AMOUR EST UN DES ASPECTS DE LA VIE QUI NE MEURENT JAMAIS.* »
(♀, 61 ANS)

L'amour encore et toujours...

Plus de la moitié des 32 répondants vivent en couple. Alors que la discrétion me demandait d'éviter d'aborder le sujet, c'est bien spontanément que plusieurs ont confié leur appréciation de leur vie conjugale.

« *Après 60 ans de vie commune, on recommencerait.* » (♀, 80 ans)

« *La vie avec ma deuxième femme, c'est une vie de tendresse, d'échanges et de partage. La tendresse pour moi, c'est une douce musique, ce n'est pas du rock and roll. Avec elle, je suis vraiment comblé.* » (♂, 72 ans)

« *J'étais vieille fille quand j'ai connu mon mari, à 58 ans. C'était la première fois que j'étais amoureuse. J'avais pris soin de mes parents jusqu'à leur mort. Je suis bien récompensée car je ne peux pas demander meilleur compagnon. La vie à deux, c'est merveilleux.* » (♀, 84 ans)

Mais pour tous les autres, l'amour est-il encore possible après 60 ans ? Peut-on encore espérer vivre une nouvelle relation amoureuse quand, à la suite des aléas de la vie, on se retrouve seul, alors qu'on a devant soi peut-être 20 ou 30 années à vivre ?

« *Je pense que des personnes aînées peuvent développer de très agréables relations amoureuses.* » (♟, 86 ans)

« *L'amour n'a pas d'âge. Il n'y a pas deux amours pareilles. C'est un des aspects de la vie qui ne meurent jamais.* » (♟, 61 ans)

« *Oui, moi je crois que c'est tout à fait possible de vivre un amour de dernier âge, car la libido ne meurt jamais, elle peut diminuer ou même disparaître par moments, mais elle ne meurt jamais complètement.* » (♟, 71 ans)

« *Je ne cours pas après mais je crois encore à ces moments magiques, ces moments de rêve.* » (♟, 82 ans)

Peut-on envisager l'expérience d'une nouvelle relation amoureuse à un âge certain ? Quelques-uns appellent une nouvelle âme sœur de toutes leurs forces.

« *Oui, je le crois, car j'ai encore du feu dans mon cœur.* » (♟, 68 ans)

« *J'ai besoin de vivre une relation amoureuse. C'est beau d'être amoureuse, il me semble qu'on est moins malade.* » (♟, 68 ans)

« *C'est exactement ce que je cherche moi-même. Je cherche une femme à qui parler, pour sortir de temps en temps, une compagne quoi, à qui raconter mes déboires, mes peines et vice versa. Pas nécessairement une histoire de couchette.* » (♟, 86 ans)

« *L'amour, c'est des liens affectifs, physiques, spirituels et intellectuels. Donc, il n'y a pas d'âge pour cela.* » (♟, 65 ans)

… mais différemment

Évidemment, les relations se vivent sur un mode différent après 60 ans. C'est avec une grande lucidité que les aînés réfléchissent à la question de la relation amoureuse, sans renier ce qu'ils ont vécu. Entre le rêve, le possible et le souhaitable, ils évoluent prudemment mais résolument.

« *Quand on est vieille, on n'est pas exactement amoureuse comme à 20 ans. Donc on ne recherche plus la même chose dans l'amour.*

Chacun a ses antécédents, ses blessures psychiques, ses expériences. » (♀, 73 ans)

« Quand on est plus vieux, l'approche est différente. Entre deux personnes qui ont de l'expérience, l'amour est de s'entraider, de partager ses joies et ses peines, l'amour est un partage intense. » (♀, 65 ans)

On ne peut pas s'empêcher de se rappeler ses premières amours et de les comparer avec celles vécues à l'âge mûr.

« L'amour à 20 ans ne peut jamais se comparer à l'amour vécu à 50 ou 60 ans, parce qu'à 20 ans on se fréquentait et on se faisait la cour. » (♀, 84 ans)

Mais d'autres vivent un perpétuel recommencement.

« Pour moi, c'est toujours la même folie, comme si j'avais 16 ans. » (♀, 68 ans)

Quand on n'a plus 20 ans

Les personnes âgées qui vivent seules ne sont pas différentes des gens des autres générations. Il se peut qu'elles préfèrent rester seules, mais il se peut aussi qu'elles aspirent à avoir une compagnie privilégiée, une personne avec qui échanger et sortir, une personne à qui penser. Ce qu'on explique de la façon suivante :

« Quand une personne a été mariée une bonne partie de sa vie, elle a appris à partager. Alors peut-être que c'est ce que les gens recherchent, une fois seuls : un compagnon ou une compagne avec qui partager. » (♂, 68 ans)

Il fut un temps où une veuve était condamnée à porter le deuil le reste de sa vie. Cette tradition persiste dans certaines cultures. Mais en 2009, à Hochelaga-Maisonneuve, les aînés cherchent la meilleure façon de vivre leurs dernières années. Ils y trouvent réconfort et chaleur au cœur.

« *Encore maintenant, quand je rencontre un homme que je trouve sympathique et que je passe un moment agréable avec lui, je rentre chez moi en me disant: "Il a fait ma journée."* » (♀, 85 ans)

« *Avec lui, c'était aller manger ensemble, se payer un bon repas de temps en temps. On se parlait au téléphone, on avait quelqu'un à qui penser.* » (♀, 84 ans)

« *À un certain âge, on cherche une présence, une amitié, un compagnonnage. De toute façon, il est bon d'avoir des personnes autour de soi en vieillissant. Quand la vie devient trop ennuyante, sans aucun défi, sans aucune surprise, c'est là que la dépression nous guette.* » (♀, 73 ans)

On peut avoir des réticences

D'autres aînés restent sceptiques et même méfiants face à la perspective de rencontrer quelqu'un. Le fait de vivre en couple ou non ne semble pas changer tellement le sentiment sur cette question. Je pouvais percevoir beaucoup de «oui, mais» dans les paroles des femmes surtout. Comme si la vie conjugale comportait des entraves dont elles craignaient la répétition.

« *À mon âge, je ne suis plus intéressée. Peut-être un compagnon pour sortir, mais pas plus. Et encore.* » (♀, 71 ans)

« *Je crois que je serais prête, mais je poserais des conditions. Je pourrais faire certaines concessions, mais la personne devrait quand même avoir des affinités avec moi et des valeurs qui ressemblent aux miennes.* » (♀, 69 ans)

« *Oui, bien sûr, je suis ouverte à la vie amoureuse, mais au départ il faut mettre ses balises, expliquer ses attentes et rester réaliste.* » (♀, 73 ans)

« *Si je me retrouvais veuve, je ne voudrais pas vivre en couple avec quelqu'un d'autre. Je voudrais rester seule dans ma maison et qu'on fasse des sorties ensemble, qu'on voyage, qu'on fasse des choses à deux, mais pas cohabiter.* » (♀, 73 ans)

« Je ne me sens pas seule depuis la mort de mon mari, je ne cherche pas. Je suis bien comme ça, je sors et rentre quand je veux, je fais ce que je veux, je n'ai pas de compte à rendre. » (♀, 71 ans)

Conserver des souvenirs heureux

Une des recettes pour vieillir heureux est de chasser les mauvais souvenirs pour ne conserver que ceux qui font sourire. Pour éloigner les rides. Et c'est plus facile à pratiquer qu'on le croit à en juger la spontanéité avec laquelle les aînés ont puisé dans leur mémoire au cours de l'entrevue.

« J'ai plus apprécié les 27 ans passés avec le père de mes enfants que les relations avec ceux qui ont suivi.

Je n'ai jamais retrouvé ce que j'avais vécu avec mon mari. Avec lui, c'était beaucoup plus joyeux. La famille était plus présente. » (♀, 84 ans)

« Avec mon deuxième mari, ça a été le bonheur. » (♀, 85 ans)

« J'ai eu tellement un bon mari, je suis sûre de ne pas en trouver un autre pareil. » (♀, 71 ans)

« C'est ça vieillir, se souvenir de ce qu'on a vécu. Je ne veux garder que le meilleur. » (♀, 82 ans)

« Si tout le monde avait la chance de connaître un homme comme mon dernier amoureux, il n'y aurait pas d'enfer. Il était vraiment un homme en or. » (♀, 90 ans)

C'est aussi le moment de faire la paix avec son passé et d'envisager sereinement le vieillissement.

« Je n'ai pas connu le vrai amour. Je suis heureuse avec un peu d'affection. J'ai mon fils et mes deux fils adoptifs qui me sortent, m'appellent et me gâtent. Cela me suffit. » (♀, 66 ans)

« Il m'apparaît normal de penser que je continuerai de vieillir seule. » (♀, 82 ans)

Des préjugés ?

Dans le domaine amoureux comme dans d'autres, les opinions ne sont pas exemptes d'idées préconçues. Ainsi, les aînés sont prompts à condamner la recherche de nouvelles relations par un homme qui a atteint un âge jugé trop avancé. Leurs commentaires sont assez catégoriques.

« Les hommes qui se retrouvent seuls à un certain âge auront tendance à se trouver des femmes plus jeunes qu'eux. » (♂, 63 ans)

« Si un homme cherche une femme à 75 ans, c'est pour qu'elle prenne soin de ses bobos. » (♀, 80 ans)

« Une autre relation amoureuse ? Peut-être à 50 ou à 60 ans, mais pas à 80. Ceux qui en ont à cet âge, c'est pour avoir une garde-malade. Pour prendre soin d'eux. » (♂, 78 ans)

« Je trouve qu'un homme de 75 ans qui se cherche une blonde, en réalité, il se cherche une infirmière ou une femme de ménage. » (♀, 63 ans)

« Je ne me verrais pas recommencer à 80 ans avec quelqu'un d'autre. Tenir la tête ou la main d'un nouveau conjoint malade, non ! » (♀, 80 ans)

Une répondante a pris la défense des hommes âgés seuls :

« Dès qu'un homme parle à une femme, tout de suite les gens pensent : "Voilà quelqu'un qui se cherche une femme." Mais il se peut aussi qu'il cherche tout simplement quelqu'un avec qui causer et communiquer, partager ; au fond, il cherche plus l'amitié que l'amour. » (♀, 73 ans)

La vie après les relations amoureuses

Après avoir affirmé que l'amour est bon et même nécessaire durant toute leur vie, les gens arrivent quand même à un moment où ils envisagent de cheminer seuls et de combler le vide autrement.

« *Mais maintenant, c'est fini, fini, fini. Je me contente de retrouver des gens que j'ai connus auparavant, d'échanger des souvenirs, d'en rire, de me faire du plaisir. Cela me suffit.* » (♀, 84 ans)

« *Il y a des gens qui ne peuvent pas rester seuls. Moi j'ai eu un mari, je n'en voudrais pas un autre.* » (♀, 80 ans)

« *Si mon mari disparaissait, après toutes ces années passées ensemble (50 ans), cela serait difficile. Mais je crois que je passerais à travers. Et je ne chercherais pas à combler le vide avec quelqu'un d'autre. Je ne me remettrais pas en couple.* » (♀, 71 ans)

Les amitiés

Peu de répondants ont parlé de leurs amitiés dans le cadre de ce thème. Et pourtant, plusieurs d'entre eux ont de véritables réseaux d'amis qu'ils fréquentent régulièrement. L'amitié tiendrait-elle une place distincte dans les relations affectives ?

Dans sa définition de l'amour, cette aînée inclut pourtant l'amitié :

« *L'amour est l'élan le plus fort dans la vie humaine. L'équilibre de la personne se fait dans un amour accepté, donné, dans une amitié, dans une relation affectueuse, pleine de tendresse.* » (♀, 86 ans)

Un autre affirme :

« *Ce qui est important aussi, quand on vieillit, c'est d'avoir un groupe d'amis. Les amis permettent de combler la solitude qu'on pourrait ressentir.* » (♂, 68 ans)

Enfin, cette jeune retraitée explique ainsi pourquoi elle ne souffre pas de l'absence de partenaire depuis sa séparation :

« *J'ai beaucoup d'amies dont l'une depuis presque 30 ans avec qui je reste toujours en contact même si elle n'habite plus à Montréal. J'ai de bonnes amies qui sont à l'écoute et qui sont très importantes dans ma vie.* » (♀, 69 ans)

♥♥♥ « Moi, j'ai deux amies de plus de 85 ans à la campagne, et quand nous nous rencontrons, c'est chaque fois une vraie partie de plaisir. Nous nous connaissons depuis très longtemps et nous sommes maintenant veuves toutes les trois. Nous parlons de nos enfants, de nos petits-enfants et de nos arrière-petits-enfants. C'est merveilleux, il faut dire : Merci mon Dieu !, vraiment. » (♀, 85 ans) ♥♥♥

CHAPITRE TROIS

LA SOLITUDE

« *On est tous des solitudes. On naît seul et on mourra seul.* »
(♦, 65 ans)

Depuis longtemps, les philosophes ont décrit la solitude comme un état neutre, inhérent à la condition humaine, et qui rejoint tous les individus à certains moments de leur vie. La solitude serait positive ou négative selon le contexte dans lequel l'individu la ressent et la vit.

« Il n'y a pas que les gens âgés qui souffrent de solitude, il n'y a pas d'âge pour cela. » (♦, 65 ans)

Cependant, c'est un fait admis que plus on vieillit, plus on devient vulnérable aux séquelles de la solitude. En effet, le réseau social se trouve souvent réduit par les pertes d'êtres chers et on dispose de moins de ressources pour entretenir les relations dont on a besoin. Doit-on en conclure que les personnes âgées souffrent plus de solitude que les gens des autres tranches d'âge ?

Qu'en pensent les aînés ? Font-ils la distinction entre solitude et isolement ? À partir de leur expérience de vie, comment définissent-ils ces deux états qu'on dit propres à la vieillesse ? Certains trouvent du positif à la solitude ; pour d'autres, c'est un état douloureux, ou à tout le moins un sentiment inconfortable.

« *Pour moi, la solitude se choisit. L'isolement, lui, est imposé. On n'est pas toujours isolé par les autres, on n'est pas toujours éconduit, mais on peut penser qu'on l'est.* » (👤, 68 ans)

« *Il y a une différence entre la solitude et l'isolement. La solitude est parfois un besoin, car on peut être bien là-dedans. Mais si la personne est toujours seule, cela devient de l'isolement.* » (👤, 61 ans)

Dans les diverses opinions se dessinent plusieurs traits de la solitude, comme le repli intérieur et l'incapacité de socialiser. On reconnaît que ces attitudes se manifestent partout, y compris chez ses voisins d'habitation.

« *Parfois on ne vit pas seul, mais on peut vivre la solitude quand même. Les deux aspects existent : aimer sa solitude et en souffrir. En soi, ce n'est pas toujours mauvais.* » (👤, 71 ans)

« *Vous savez, il y a des gens qui aiment s'isoler. Dans notre résidence, plusieurs personnes déclineront les invitations sous prétexte que ça ne les intéresse pas. Ces gens ont dû vivre ainsi toute leur vie.* » (👤, 73 ans)

« *Beaucoup de personnes souffrent de solitude même en habitant dans une résidence. On ne peut pas obliger quelqu'un à sortir, c'est difficile à expliquer pourquoi une personne s'exclut elle-même.* » (👤, 86 ans)

Une expérience de vie, imposée ou choisie, peut aussi amener une personne âgée à s'enfermer dans la solitude, ce qui ne signifie pas cependant qu'elle soit malheureuse pour autant.

« *Il me semble qu'une personne qui a vécu enfermée dans sa maison toute sa vie adulte ne se mettra pas à sortir une fois âgée.* » (👤, 71 ans)

« *Dans mon travail, je n'avais pas l'occasion de développer vraiment des amitiés. On s'habitue à travailler seul et à vivre seul.* » (👤, 84 ans)

D'autres avouent devoir lutter très fort pour ne pas se laisser envahir par les côtés négatifs de la solitude, ce qui demande plus d'énergie quand on vit seul.

« La solitude, c'est très lourd. Faut avoir une volonté de fer pour se raisonner. C'est pourquoi je me fabrique des rêves. Chaque jour, j'essaie de me construire un petit rêve. » (♀, 85 ans)

Toutes les personnes qui vivent seules ne sont donc pas automatiquement menacées par l'isolement. Mais on reconnaît que le risque de repli sur soi est plus grand quand il y a absence d'interlocuteur.

« Quand la solitude est choisie, elle ne mène pas à la dépression. Quand arrive la dépression, c'est que la solitude a changé de forme et est devenue de l'isolement. Ce n'est pas le fait de vivre seul. » (♀, 61 ans)

Les causes multiples

Selon différentes enquêtes réalisées auprès des aînés, la cause première de l'isolement tiendrait aux problèmes de santé. La souffrance peut amener les personnes malades à se replier sur elles-mêmes. Il semble que, lorsque la qualité de vie disparaît, la capacité d'entretenir des relations sociales s'amenuise.

« Il y a toujours un facteur santé dans la solitude des vieillards, et les gens qui sont confinés chez eux sont plus susceptibles de souffrir de solitude. » (♂, 63 ans)

« Nous voyons beaucoup de solitude et de misère, pas toujours parce que les personnes sont sans ressources et laissées à elles-mêmes. Il nous semble que la maladie est la cause de beaucoup de déprime et d'isolement. » (♀, 80 ans)

Cela dit, les personnes âgées qui s'isolent volontairement ne sont pas toutes malades. Plusieurs autres raisons peuvent expliquer ce refus de socialiser, dont des traits personnels de caractère.

« Il y a des gens seuls qui n'ont pas d'habileté sociale. C'est long quand on vit seul, qu'on n'a pas d'interlocuteur. Cela ne doit pas être drôle. » (♂, 68 ans)

« *Quant aux personnes qui refusent de socialiser, il y a certainement plusieurs raisons : la timidité, la déprime, etc. Certains s'isolent par peur, peur de tout et de n'importe quoi. Cela dépend de la tolérance des gens à l'anxiété et de leur capacité d'adaptation à l'imprévu. On vieillit beaucoup comme on a vécu.* » (♀, 71 ans)

« *Je ne m'ennuie jamais. Je n'ai pas un tempérament pour ça. Je sais me distraire. J'ai toujours quelque chose à faire, j'ai la tête pleine de projets.* » (♀, 84 ans)

Même les problèmes de mobilité qui confinent à la maison n'empêchent pas certains aînés de continuer à vaquer à leurs occupations et de rester présents à leur environnement.

En effet, parmi le groupe de répondants, on compte trois personnes en fauteuil roulant, trois qui doivent utiliser un déambulateur et deux autres qui s'appuient sur une canne. Toutes ces personnes sont actives et entretiennent des relations sociales. Ce qui tendrait à confirmer en effet qu'« on vieillit comme on a vécu ».

Une personne qui a toujours manqué de confiance en soi, d'estime de soi, sera réticente à socialiser à un âge avancé.

« *Un jour, j'ai demandé à une résidante pourquoi elle ne voulait pas se joindre au groupe. Elle m'a répondu qu'elle n'avait pas fait beaucoup d'études. Je lui ai dit que cela n'avait pas d'importance, qu'elle était capable de parler, que ça n'avait rien à voir avec son niveau d'intelligence. Mais elle n'est pas venue malgré tout.* » (♀, 90 ans)

« *Ceux qui se plaignent de souffrir de solitude, c'est un peu à cause de leur comportement. Ils n'ont pas de vie sociale.* » (♀, 84 ans)

Il est vrai que les mêmes traits de caractère ne se manifesteront pas de la même manière chez tout le monde. Certains peuvent avoir été mis en situation d'appeler à l'aide pour sortir de leur enfermement comme en témoigne cette jeune retraitée souriante et sociable :

« *Je suis fille unique, j'ai vécu la solitude étant enfant, car j'étais très gênée, incapable d'aller vers les autres, repliée sur moi-même, isolée. J'ai réalisé il y a peu de temps que toutes les amitiés que j'ai eues étaient* le fait des autres qui venaient vers moi, jamais le contraire. Les amis insistaient et je pouvais même être désagréable pour qu'ils cessent de m'approcher, tellement j'étais étouffée par la timidité. Cela m'a suivie jusqu'à l'âge adulte. Sans raison apparente, je m'enfermais dans ma chambre, sans répondre au téléphone ou à la porte. Cela pouvait durer de quelques jours à quelques semaines. Quand j'ai eu un enfant, je ne pouvais plus agir ainsi. » (♀, 61 ans)

Enfin, il ne faut surtout pas minimiser le sentiment de solitude vécu à la suite du décès d'un conjoint. Bien que la perte d'êtres chers paraisse plus naturelle quand on arrive à un âge avancé, il se peut qu'on ne soit jamais vraiment préparé à y faire face.

« J'ai souffert d'un grand vide pendant trois ans à la suite de la mort subite du père de mes enfants. Ça a été une période très pénible. Je m'en suis remise parce que je suis sortie de chez moi, je me suis jointe aux activités de la paroisse. Cela m'a beaucoup aidée à faire mon deuil. » (♀, 84 ans)

La solitude amie

Certains la choisissent et l'habitent, d'autres ne l'ont pas choisie mais l'ont acceptée. Aucun des 32 répondants ne s'est plaint de solitude. Trois belles octogénaires l'apprécient et la vivent comme un période de recueillement, une dernière étape où il importe de faire le point sur sa vie. Loin du bruit et de l'animation.

« Pour moi, habiter seule ne signifie pas être isolée. Je jouis de ma solitude. Je n'ai jamais eu un aussi beau logement, pour moi c'est comme un petit paradis. Je veux vivre et mourir ici. » (♀, 84 ans)

« Je n'ai jamais souffert de solitude. J'ai toujours été bien entourée. Mes enfants m'ont parfaitement comprise. Je n'ai jamais eu besoin de leur donner d'explications. Loin de me sentir abandonnée par eux, je sens plutôt que mes choix de solitude et d'indépendance sont respectés. » (♀, 85 ans)

« Je ne me sens pas solitaire, j'ai des amies, je suis encore en contact avec des membres des AA que j'ai aidés. Mais je veux vivre ma solitude. » (🧍, 86 ans)

D'autres ont dû faire face à la solitude dans des circonstances indépendantes de leur volonté. Et l'ont apprivoisée.

« Pour moi, c'est un choix de vivre seule. J'ai vécu 19 ans en couple mais, après ma séparation, je suis restée seule avec les enfants. Quand ils ont quitté la maison, je n'ai jamais cherché quelqu'un avec qui cohabiter. » (🧍, 69 ans)

« Je connais bien la solitude. J'ai eu le temps de m'y habituer et elle ne me fait pas peur. Je ne suis pas ennuyeuse, d'ailleurs. Je me garde occupée, je ne laisse pas la solitude m'envahir. Je suis tellement habituée que des fois je quitte volontairement la compagnie des autres sur le balcon et je rentre dans mon appartement. » (🧍, 66 ans)

« Dans l'édifice ici, plusieurs personnes qui vivent seules ne sortent jamais, ne répondent pas aux invitations, ne veulent rien savoir. Peut-être qu'elles sont bien chez elles, qu'elles ne s'ennuient pas toutes seules. Non, elles n'ont pas l'air déprimées. » (🧍, 71 ans)

Le fond de la solitude

Des chercheurs affirment que la solitude n'est pas le fait de vivre seul, mais plutôt le sentiment de ne compter pour personne. Ce sentiment peut naître de relations tout à fait superficielles comme de l'absence de relations. Plus les aînés vivent vieux, plus leurs proches et amis disparaissent, plus ils se sentent seuls au monde. D'après les répondants, la pire solitude vient du sentiment d'être abandonné par ses propres enfants et, souvent du même coup, privé de ses petits-enfants.

« Moi, ce que j'ai remarqué, ce qui fait souffrir les aînés, c'est l'absence de leurs enfants. Ce n'est pas tellement de vivre seul ou de ne pas avoir de conjoint, comme de ne pas voir leurs enfants comme ils voudraient. » (🧍, 69 ans)

« Je me trouve chanceuse car mes enfants prennent bien soin de moi. Je sais que beaucoup de personnes âgées vivent de la solitude. Je ne vois pas mes enfants toutes les semaines, mais je sais que je peux compter sur eux quand j'en ai besoin. » (♀, 84 ans)

« C'est sûr que si on se sent abandonné par ses enfants, cela peut amener la dépression. Mais en même temps, il faut réagir et chercher ailleurs. Si les enfants ne viennent pas, il faut chercher d'autre compagnie. » (♂, 78 ans)

Mais ceux qui n'ont pas d'enfants ni de conjoint fuient les entrevues de sorte qu'il est difficile de savoir comment ils meublent leur solitude. Est-ce qu'ils s'ennuient ? On voudrait nous faire croire que tous ceux qui ne vivent pas en couple sont des candidats potentiels à l'ennui. Les aînés qui ont été interviewés offrent des réponses beaucoup plus nuancées et variées.

La solitude au masculin

Les hommes sont perçus, surtout par les femmes, comme étant plus vulnérables à la solitude, à cause de leur réticence à exprimer leurs sentiments et à demander de l'aide. Cette image qu'on aurait tort de coller à tous les aînés est probablement en train de changer avec la génération de jeunes retraités.

« Les hommes d'âge avancé sont peut-être moins nombreux que les femmes, mais ils souffrent davantage de solitude, ils sont plus à plaindre. La plupart sont fermés comme des huîtres et ne diront jamais à quel point ils souffrent de solitude. Et ils ne vont pas facilement chercher de l'aide car ils ne voient pas leur problème. C'est le déni total. » (♀, 73 ans)

« Mon mari ne parlait jamais à personne. J'ai essayé de l'amener à s'ouvrir pendant 37 ans et n'y suis jamais parvenue. Il avait de grandes qualités et était un homme extraordinaire. Mais il ne parlait pas. Il y a des gens qui, même si on les amène à l'abreuvoir, ne voudront pas boire. » (♀, 63 ans)

« Je crois que la solitude est plus difficile pour les hommes que pour les femmes, les femmes sont plus débrouillardes et plus autonomes. Les hommes plus âgés se trouvent naturellement plus démunis, bien que ça commence à changer avec les plus jeunes aînés. » (♟, 63 ans)

Remédier à l'isolement

Tous les aînés qui ont participé aux entrevues sont autonomes et plusieurs d'entre eux vivent encore en logement. Ils observent l'installation du régime de maintien à domicile et s'inquiètent des nombreuses failles qu'ils remarquent chez leurs voisins âgés. Une aînée suggère la création de réseaux d'entraide rapprochés :

« Si personne ne prend de ses nouvelles, un aîné peut tomber malade et mourir sans qu'on le sache. Il faudrait des visites systématiques de la part du CLSC chez toutes les personnes, hommes ou femmes, qui vivent seules ou qui vivent avec quelqu'un qui ne peut pas aider. Il y a une organisation de contacts dans plusieurs résidences de personnes âgées. Mais c'est plus difficile dans les logements. Parfois ces personnes n'ont plus de famille ou leurs enfants sont trop loin. Il faut mettre sur pied un réseau de surveillance et d'entraide entre voisins immédiats. » (♟, 71 ans)

L'écoute fait aussi partie des remèdes pour rompre le sentiment de solitude.

« Quand on parle, le problème est déjà moins gros ; on compare, on comprend, on relativise. » (♟, 68 ans)

Mais comment faire sortir de chez eux des gens qui refusent de socialiser, qu'ils soient en institution ou en logement ? Ici, il n'y a pas de solution miracle et toutes les tentatives sont bonnes, mêmes menées contre la volonté des intéressés.

« Les aînés ont besoin d'être stimulés, surtout s'ils habitent seuls, il faut qu'ils sortent de leur chambre. » (♟, 63 ans)

« Les vieux, il faut les intégrer aux activités du quartier. Il est vrai que certains refusent de sortir de chez eux, mais parfois il faut les aider, il faut insister un peu. J'ai fait cette expérience dans un hôpital où j'allais

chanter, et finalement cette personne qui ne voulait jamais sortir de sa chambre a fini par intégrer la chorale et chanter avec tout le monde.

« Au fond, les vieux, surtout ceux qui sont seuls, ont besoin de tellement d'attention, il faudrait presque les prendre un par un, ce qui est un peu compliqué et demande beaucoup de ressources. » (♂, 72 ans)

Un jeune retraité qui habite seul a rompu sa solitude en faisant du bénévolat au sein d'une entreprise d'économie sociale. Il témoigne du changement radical que cet engagement a apporté dans sa vie :

« Moi j'habite dans un HLM, pour gens âgés de 55 ans et plus. Plusieurs locataires s'isolent, ils restent chez eux à regarder la télévision, ils n'ont pas de vie sociale.

« C'est pour cela que j'ai décidé de ne plus faire de bouffe à la maison et de venir manger ici, au Chic Resto Pop. Cela me fait sortir de chez moi, je viens en bicyclette ou je marche. Je socialise, je me suis fait quelques amis, hommes et femmes, j'y rencontre des gens de tous les âges, cela est très important. Je ne veux pas rester dans un ghetto de vieux et de vieilles comme dans mon HLM, car les conversations ne sont pas les mêmes. Entendre parler de maladies et de mort tous les jours, cela devient démoralisant. Ici, par contre, je rencontre des familles, des jeunes adultes, des jeunes, des enfants, des vieux. Ici, c'est agréable, on a du plaisir. Cela éloigne la solitude. » (♂, 65 ans)

L'ennui

Le thème a bifurqué sur l'ennui, celui qui allonge les jours. L'ennui qui est l'ennemi de toute créativité, de toute inventivité, l'autre visage du sentiment de solitude. Pour les répondants tellement actifs, c'est une réalité qu'ils ont du mal à s'expliquer, eux qui ne trouvent pas le temps de faire tout ce qu'ils voudraient. Aussi sont-ils assez durs envers les aînés qui se plaignent de l'ennui, car ces derniers seraient artisans de leur propre malheur en refusant de participer aux activités.

« *Ceux qui disent s'ennuyer, c'est qu'ils le veulent bien, car il y a tellement de choses à faire.* » (♀, 71 ans)

« *Mais oui, je connais beaucoup de gens qui se plaignent de solitude. Mais entre nous, ça sert à quoi de rester replié sur soi à se regarder le nombril?* » (♀, 84 ans)

« *Il est vrai que beaucoup d'aînés s'ennuient. Pourquoi les personnes âgées restent-elles enfermées chez elles au lieu de participer aux différentes activités qui leur sont offertes? C'est vraiment un gros problème, la solitude chez les personnes aînées.* » (♂, 86 ans)

Au fond, il est possible aussi que les répondants encore tellement actifs s'ennuieraient s'ils étaient amenés, par un quelconque obstacle, à arrêter ou même juste à ralentir le rythme de leurs activités. Question de tempérament?

CHAPITRE QUATRE

LA VIOLENCE

« *Vous savez, un dix piastres que vous froissez, que vous salissez,*
reste toujours un dix piastres. » (♀, 63 ans)

À Hochelaga-Maisonneuve comme ailleurs, la violence contre les
aînés s'exprime dans les petits gestes de la vie quotidienne.

« *Les aînés qui traversent la rue, qui veulent payer avec leurs pièces*
de monnaie à la caisse et qui ne vont pas assez vite se font engueuler. On
leur manque de respect, on les pousse et on leur reproche d'être dans le
métro ou l'autobus à l'heure de pointe. » (♀, 71 ans)

« *Une forme de violence, c'est de se faire dire des saletés ou de se*
faire bousculer parce qu'on ne marche pas assez vite. Ou de se faire
tromper par un ouvrier, un entrepreneur ou un professionnel quelconque
parce qu'on est une aînée vivant seule, donc par définition sans défense. »
(♀, 68 ans)

« *Malheureusement, il y a beaucoup trop de violence à l'endroit des*
aînés. Les personnes âgées qui se plaignent d'être abandonnées par leurs
enfants subissent déjà une forme de violence. » (♂, 73 ans)

Une autre définition situe la violence dans la rupture de transmission des valeurs. Les parents âgés auraient-ils failli à leur tâche ?
La société moderne aurait-elle étouffé les voix des anciens au profit
des générations suivantes ?

« *Beaucoup d'enfants ne sont pas reconnaissants à l'endroit de leurs parents. Ils n'apprécient pas ce que leurs parents leur ont donné. Ils oublient que leurs parents leur ont donné beaucoup plus qu'ils avaient reçu eux-mêmes.* » (♔, 68 ans)

Pour une octogénaire, la pire des violences faites aux aînés est celle qui se cache dans les préjugés. L'âgisme se révèle d'abord quand arrive le moment de préciser son âge, quand on craint la réaction des collègues qui pourraient nous mettre à l'écart :

« *Quand on est obligé de taire son âge, de colorer ses cheveux blancs, c'est le signe qu'il y a des préjugés contre la vieillesse.* » (♀, 86 ans)

Cette violence contre les aînés, faite de préjugés, de mépris ou d'indifférence, est bien ancrée dans les mentalités et est devenue un fait de société. Mais les aînés pratiquent eux aussi l'âgisme quand ils imposent leurs exigences au détriment du bien commun. Serait-ce une conséquence de l'individualisme érigé en système de vie ?

« *La violence découle à mon sens des valeurs de la société actuelle. Nous sommes une société très violente entre les différents groupes d'âge. Quand on donnera de la valeur au don de soi, à l'empathie, à la compassion, la violence diminuera.* » (♔, 68 ans)

Violence physique

Parmi les personnes interviewées, aucune n'aurait été maltraitée en raison de sa condition d'aînée. Mais certaines ont subi de la violence physique durant leur vie conjugale ou leur enfance.

« *J'ai été battue tout le temps de ma vie conjugale. Mon mari était un ivrogne qui nous gardait sur le bien-être social, mon fils et moi. J'ai mis beaucoup de temps à me séparer, car je craignais qu'il m'enlève mon fils, ce dont il me menaçait tout le temps. Et moi je l'ai longtemps cru. Si j'avais été au courant des lois, je me serais séparée avant. Après 30 ans de mariage, 30 ans de violence, j'ai décidé de divorcer.* » (♀, 66 ans)

Ce témoignage semble donner raison à la réflexion d'une autre dame qui a connu la violence :

« J'ai pour mon dire que les gens violents le sont parce qu'ils ne rencontrent jamais personne pour leur faire face. La plupart du temps, la femme a peur, les enfants ont peur. Alors ils se taisent et cela donne du pouvoir à l'homme violent. Il faut refuser le pacte de paix que l'homme offre après avoir battu sa femme et ses enfants. La femme se laisse toujours prendre dans ce piège à cause des enfants. » Et elle conclut : « Quelqu'un qui dit des méchancetés va en dire toute sa vie. » (♀, 85 ans)

Et pourtant, la rédemption existe pour certains hommes violents qui admettent leur problème et vont chercher de l'aide. « Moi j'ai été élevé dans la violence, violence dans ma famille, violence dans les foyers d'accueil, violence dans la rue. J'ai moi-même reproduit cette violence dans ma propre famille quand je me suis marié. Ça m'a pris un long cheminement pour me pardonner à moi-même mes erreurs commises à cause de la violence. Mais maintenant je crois que je suis complètement pacifié. » (♂, 72 ans)

Dans un autre cas de violence tout aussi inacceptable, la dame a voulu venir en aide à quelqu'un en difficulté et a été agressée. Elle a compris que sa situation de femme seule et vieillissante exigeait certaines précautions. « J'ai déjà été victime de violence de la part de quelqu'un que j'hébergeais et qui a fini par « disjoncter » devant un trop-plein de problèmes. Il s'en est pris à moi, car pour lui j'étais un peu sa mère. Tout cela s'est bien terminé mais j'ai dû aller à l'hôpital et faire un rapport à la police. Maintenant, je barricade ma porte et je suis plus prudente d'une façon générale. » (♀, 68 ans)

Battue par sa mère étant enfant, cette retraitée a pris des moyens pour retrouver l'estime de soi et faire la paix avec sa mère. Maintenant plus âgée, elle ressent avec plus d'acuité la violence faite aux aînés. Elle se dit remise des sévices infligés et est même capable de philosopher : « Vous savez, un dix piastres que vous froissez, que vous salissez, reste toujours un dix piastres. » (♀, 63 ans) Autrement dit, les mauvais traitements n'enlèvent rien à la valeur intrinsèque de la personne, mais cette dernière doit avoir la force de reconquérir son estime de soi.

Violence verbale

À l'endroit des aînés comme envers quiconque dans notre société, la violence verbale est sans contredit la plus répandue et, malheureusement, la plus tolérée. « *Une personne qui a vécu toute sa vie dans la violence verbale ne mentionnera jamais les insultes et les menaces comme étant de la violence.* » (♟, 73 ans)

Plusieurs femmes avouent l'avoir connue au cours de leur vie, tout en s'empressant d'ajouter qu'elles n'ont pas été violentées physiquement. Comme si la violence verbale était moins grave, au point d'être acceptable. «*J'ai connu de la violence verbale de la part de mon deuxième mari quand il buvait. Mais je n'ai jamais été violentée physiquement.* » (♀, 84 ans)

«*Dans ma vie conjugale, je n'ai jamais subi de violence physique, mais psychologique et verbale, oui.* » (♀, 69 ans)

Certains réagissent fortement à cette violence «ordinaire» qui donne l'impression d'être une menace constante pour les personnes âgées. «*J'ai le cœur brisé quand j'entends des enfants parler à leurs parents de façon méprisante, c'est de la violence psychologique, sournoise, de la manipulation.* » (♀, 61 ans)

Si elle ne laisse pas de traces visibles, la violence verbale n'est pas pour autant banale ni anodine. «*Je n'ai jamais été victime de violence physique, mais je sais que la violence verbale peut blesser tout autant et aussi longtemps.* » (♀, 85 ans)

Certains croient que la violence verbale est devenue un mode de communication courante. « *Les gens s'expriment davantage maintenant. On dit ce qu'on aime, mais on dit aussi davantage ce qu'on n'aime pas et de n'importe quelle façon, devant n'importe qui, y compris les enfants.* » (♟, 73 ans)

« La violence verbale est malheureusement trop souvent une façon de communiquer au quotidien. Si les deux parties se répondent, il n'y a pas trop de dommages. Ce qui est triste, c'est quand un des deux interlocuteurs la subit sans tenter de l'arrêter et en devient victime. » (♀, 71 ans)

La violence serait-elle aussi courante si on la refusait? « Par contre, la violence verbale, je peux la tolérer. Car ça reste des paroles, on arrive quand même à se calmer et après on peut se parler. » (♂, 65 ans)

« S'il s'agit de violence verbale dans un couple ou une famille, peut-être en effet que je ne dirais rien. Mais j'essaierais tout de même de passer un message à la femme insultée si je la rencontrais seule à seule. Peut-être aussi que mon intervention serait mal reçue par cette femme. » (♀, 61 ans)

« Quand je vois un homme insulter sa conjointe, je sympathise avec elle. Mais quand on est la victime, on craint les représailles. » (♀, 66 ans)

La violence des enfants à l'endroit des parents âgés

Ce type de violence n'est pas l'apanage des familles du quartier. Contrairement aux croyances, il n'est pas non plus uniquement le propre des générations actuelles. Dans sa chanson sur l'héritage, qui date déjà de plusieurs décennies, Félix Leclerc avait très bien décrit les appétits des enfants au décès de leur mère. Il semble cependant que, pour certains aînés, leurs relations avec leurs enfants se détériorent quand la maladie les rend plus vulnérables. De nombreux témoignages rapportent en effet que la pension des parents (surtout celle de la mère) attise la convoitise de membres de leur famille.

Un ancien président de l'Association québécoise de défense des droits des personnes retraitées et préretraitées (AQDR) se rappelle de nombreux cas traités pendant son mandat. « Des enfants qui frappent leurs parents pour avoir de l'argent et leur font peur en les menaçant pour les déstabiliser et abuser d'eux. » (♂, 86 ans)

C'est un sujet qu'on traite dans la discrétion malgré l'indignation qu'il suscite chez les aînés. Rares sont ceux qui ont été témoins de ce type de violence. Mais ils frémissent encore en racontant ce qu'on leur a rapporté.

« *Mon épouse a travaillé dans un centre d'accueil et m'a parlé maintes fois des résidants qui se font soutirer leur maigre pension par leurs enfants au début du mois.* » (, 73 ans)

« *On m'a raconté avoir vu des aînés pleurer parce qu'ils n'avaient plus suffisamment d'argent pour se payer telle ou telle chose, surtout après la visite des membres de leur famille à la fin du mois.* » (, 84 ans)

« *Des enfants négligent leur mère, ne vont jamais la visiter et s'entassent dans la chambre dès qu'elle entre à l'hôpital. Pour l'héritage? Cela me rend furieuse. Cela est très dérangeant pour la mère, cela joue sur ses émotions et sur ses sentiments.* » (, 61 ans)

Ce type de violence suscite des réactions semblables à celles qu'inspire la violence conjugale : on voudrait bien la faire cesser mais on ne sait pas comment, on n'ose intervenir directement, surtout si les victimes ne portent pas plainte.

« *Ce sont des problèmes très difficiles à solutionner, car les personnes âgées ont peur de représailles. Les victimes ont peur de dénoncer leurs enfants, donc elles cèdent et payent.* » (, 86 ans)

« *Et les femmes, même aînées, ont plus tendance à ne pas admettre la violence, à la nier. Elles déposent une plainte et la retirent le lendemain.* » (, 73 ans)

« *Cela doit être très difficile de la part des parents âgés de dénoncer leurs propres enfants. Ce sont de vrais drames. C'est triste quand les aînés dépendent de leurs bourreaux.* » (, 63 ans)

Une aînée bénévole dans un CHSLD veut croire à une solution simple et rapide. «*Je pense que les préposés réagissent et que la direction contacte la famille.* » (, 71 ans)

Une retraitée est beaucoup plus catégorique : «*J'interviendrais si je voyais un fils harceler sa mère pour avoir son chèque mensuel.* » (, 63 ans)

Une autre dame refuse de plaindre les mères victimes d'abus de la part de leurs enfants. Elle ne comprend pas et surtout n'accepte pas que les aînées se plaignent d'être harcelées, pas plus que les femmes qui se plaignent d'être battues. Cela n'existerait pas si les femmes opposaient un minimum de résistance, affirme-t-elle. « *Tous les moyens existent pour arrêter ces abus, mais on ne veut pas s'en servir.* » Et elle en veut franchement à ces mères qui donnent accès à leur compte de banque à leur fils sous prétexte que, de toute façon, tout lui reviendra à leur mort. « *Le reste de leurs jours, elles se priveront et se plaindront.* » (♀, 80 ans)

Si j'étais témoin

Sur les aînés comme sur la population en général, les messages publics invitant à dénoncer la violence ont un effet mitigé. Les efforts de sensibilisation ont certainement touché les mentalités, mais la violence entre individus, de la même famille ou non, est souvent encore perçue comme relevant de la vie privée.

« *Si j'étais témoin, et pour ne pas faire plus de tort que de bien, j'appellerais les organismes de protection des personnes âgées pour leur confier le cas ou leur demander comment agir. Parfois, appeler la police peut aggraver la situation.* » (♂, 86 ans)

« *Cela me révolte. Mais comme c'est de l'ordre du privé, il est difficile d'intervenir. Moi je n'accepterais jamais qu'une personne se fasse bousculer ou agresser verbalement devant moi. Je ne peux pas vous dire ce que je ferais, mais il est sûr que je réagirais.* » (♂, 73 ans)

« *Il est certain que je ne tolérerais pas cela. J'appellerais la police.* » (♂, 65 ans)

« *Si je voyais un homme battre quelqu'un d'autre, j'appellerais la police.* » (♀, 61 ans)

« *J'espère que je prendrais position. Qu'il s'agisse d'enfants maltraités par leurs parents ou d'aînés harcelés par leurs enfants, je les dénoncerais.* » (♂, 63 ans)

« *Parfois on se retient d'intervenir de peur d'aggraver les choses. On se dit que les gens qui agissent ainsi n'ont pas d'autre solution.* » (♀, 73 ans)

Un dernier témoignage sur la question exprime clairement les effets de la campagne «tolérance zéro» vis-à-vis de la violence conjugale. Puisse-t-elle être reprise pour traiter de la violence des enfants à l'endroit de leurs vieux parents :

« *Moi, je n'hésiterais pas. Je crois que tout le monde devrait aussi appeler la police en cas de violence et ne jamais la laisser passer. Je crois que les policiers sont maintenant beaucoup plus sensibilisés à la violence et mieux préparés à y faire face. J'ai beaucoup apprécié la publicité à la télévision contre la violence familiale. J'aurais aimé voir cette publicité dans mon jeune temps. Je crois que cela m'aurait fait vraiment réfléchir.* » (♂, 72 ans)

La sécurité dans le quartier et la perception de sécurité

C'est bien connu, depuis la délocalisation des grandes industries et la fermeture de plusieurs manufactures qui ont mené au chômage la majorité de sa population, le quartier a mauvaise réputation. Les médias en parlent souvent comme d'un lieu où sévissent la drogue, la prostitution et la violence. Qu'en pensent les aînés qui ont vécu la dégradation économique d'Hochelaga-Maisonneuve ? Se sentent-ils en sécurité dans leur quartier, sur leur rue, dans leur maison ?

« *Quand on parle contre Hochelaga-Maisonneuve, on me fait mourir. Ce n'est pas pire qu'ailleurs.* » Cette dame de 80 ans est née et a vécu toute sa vie dans le quartier. Elle admet cependant qu'il n'a pas toujours eu bonne réputation. «*Il a eu un mauvais nom, mais il a beaucoup changé. Là on fait le ménage des prostituées. C'est un quartier pas plus sale qu'un autre, qui s'est beaucoup amélioré.* » Elle est indignée par les reportages dans les médias qui présentent son quartier comme un endroit à éviter. Cela ne reflète plus la réalité, croit-elle.

« Ici aussi, il y a des petits traîneux, comme on en trouve ailleurs. Mais c'est beaucoup mieux qu'avant et ça continuera de s'améliorer. » D'après elle, cette mauvaise réputation vient du sort qui était fait à tous les quartiers en bas de la rue Sherbrooke. « *Mon mari a été élevé dans Rosemont. Quand on a voulu se marier, sa mère a dit : "Pas une fille du bas de la ville ?" C'était il y a 60 ans.* »

Un ami renchérit : « *Les jeunes de mon entourage m'ont toujours respecté. Je les ai vus naître et grandir. Cela fait 31 ans que j'habite ici. Je n'ai jamais eu de trouble.* » (🛉, 84 ans)

Résidant à la même adresse depuis des décennies, un aîné sourit en entendant la question sur la sécurité. Comme si elle était complètement incongrue ! « *Ici, on n'a jamais eu de problème de sécurité. Plusieurs de nos voisins sont arrivés en même temps que nous, il y a déjà plusieurs années. On a élevé nos enfants ici, on est en paix ici. Les portes sont ouvertes toute la journée. Je laisse l'auto dans la rue sans problème.* » Il ajoute en hochant la tête : « *C'est peut-être un peu plus "tough" en bas de la rue Adam, ça crie parfois, mais personne n'appelle la police.* » (🛉, 78 ans)

Des problèmes de santé ont obligé une dame à utiliser un déambulateur puis une canne pour assurer sa démarche quand elle sortait de chez elle. S'est-elle sentie plus vulnérable après son opération au genou ?

« *Dans le quartier, je ne me suis jamais sentie menacée. Au contraire, quand je sors avec ma marchette, les gens m'encouragent. Peut-être que mon physique me protège (c'est ce qu'on m'a toujours dit). Ma condition d'aînée ne me cause pas de problème sur la rue, au contraire. Quand les gens me voient avec ma canne, ils me laissent le passage, m'offrent leur siège. Dans le quartier, les conducteurs sont respectueux. Je ne sens ni ne subis de violence.* » (🛉, 78 ans)

Les femmes âgées qui doivent prendre l'autobus pour faire leurs courses ou vaquer à leurs occupations préfèrent le faire de jour. Mais elles ne s'empêchent pas de sortir, en autant que l'état des trottoirs le permet.

«Je ne sortirais pas à pied le soir, mais dans le jour je n'ai aucune crainte d'aller faire mes courses sur la rue, dans le quartier. Je trouve que c'est aussi sécuritaire que n'importe où ailleurs. »

Une aînée qui se déplace en fauteuil roulant affirme tranquillement : « Ici c'est tranquille. Il n'y a pas de souci de sécurité. Si les aînés ont peur, cela ne veut pas dire qu'il y a de la violence dans le quartier. » (♀, 68 ans)

Ce qui n'empêche pas une autre aînée d'avoir une perception d'insécurité qui la retient de sortir seule. « Je ne me sens pas en sécurité, surtout le soir. Je ne sors jamais sans mon mari. J'ai peur des petites gangs de garçons qui pourraient m'agresser. Nous, les vieux, on ne peut pas se défendre. » (♀, 79 ans)

Mais est-ce bien le fait de vivre dans ce quartier ? N'est-ce pas plutôt un sentiment de vulnérabilité qui touche davantage certaines personnes âgées ?

Mesures accrues de sécurité ?

Y aurait-il lieu d'instaurer de nouvelles mesures pour que les aînés d'Hochelaga-Maisonneuve se sentent en sécurité à la maison comme dans la rue ? Est-ce que les personnes âgées sont davantage victimes de méfaits que les autres citoyens dans le quartier ?

« Cela serait difficile d'avoir plus de mesures de sécurité. Il y a des personnes qui ne font pas attention, qui comptent leur argent sur la table du resto en sortant de la banque, elles s'attirent des problèmes. Des vieilles se promènent avec des sacoches, elles ne devraient pas faire cela, elles devraient mettre juste des niaiseries dans la sacoche et cacher leur argent sur elles. » (♂, 84 ans)

Vient ensuite la question de la circulation pédestre, car peu d'aînés du quartier possèdent une auto. Ils se déplacent donc en transports en commun. Quelqu'un a identifié un problème peut-être facile à régler par les autorités responsables :

« Ce que je remarque, cependant, c'est la difficulté pour les aînés de traverser une grande artère comme le boulevard Pie IX au coin d'Ontario. Les chauffeurs arrivent de tous les côtés, klaxonnent et souvent insultent les aînés qui n'ont pas le temps de traverser sur la lumière verte. Ça oui. J'entends ça souvent. Quand une voiture menace une personne à mobilité réduite parce qu'elle la trouve trop lente, je trouve que c'est de la violence. » (🚹, 73 ans)

Mais la sécurité va dans les deux sens. Si les aînés veulent risquer leur vie en traversant la rue là où bon leur semble, aucune mesure ne peut leur garantir la sécurité.

« Un policier m'a déjà dit que lorsque je traverse dans les lignes, si le chauffeur n'arrête pas pour me laisser passer, je dois prendre son numéro de plaque et le donner à la police. Il recevra alors un ticket. Il faut qu'on nous respecte. Mais nous aussi on doit les respecter. Si la lumière est rouge, on ne doit pas traverser. Je traverse toujours sur la verte. » (🚹, 66 ans)

Au fond, il faudrait que tous, y compris les aînés, réfléchissent à leur comportement et assument une part de leur sécurité en se conformant aux règlements.

CHAPITRE CINQ

LA SANTÉ

« J'AI L'IMPRESSION QUE LA VIE EST UN SEUL MOUVEMENT
QU'ON APPROFONDIT DEPUIS LA PRISE DE CONSCIENCE. »
(♀, 86 ANS)

« C'EST AINSI QUE VA LA VIE. C'EST UN COURANT. »
(♂, 65 ANS)

Quelle définition donne-t-on à la santé quand on a plus de 60 ans, alors que les forces commencent à décliner ? Peut-on maintenir son rythme d'activités et, si oui, à quel prix ? Les 32 répondants présentent des opinions différentes mais sont d'accord sur un point : pour bien vieillir, il faut avoir le goût de vivre. Cela peut paraître simplet, mais les propos recueillis révèlent des réflexions pleines de nuances.

Définitions

Être en santé, expliquent les personnes interviewées, c'est être capable de faire ce qu'on veut. Une dame précise avec humour : *« En vieillissant, il y a évidemment beaucoup de choses qui clochent. Mais tant qu'on est capable de se déplacer pour aller à ses rendez-vous médicaux, on peut considérer qu'on est encore en santé. »* (♀, 73 ans)

C'est aussi accepter de « *vieillir avec ses bobos* » et continuer à vivre avec les maladies qui peuvent surgir. « *Même quand on souffre de maladies chroniques comme l'hypertension ou le diabète, il faut prendre sa médication et continuer d'être actif.* » (♀, 71 ans)

Se souvenir du bon temps aide à accepter les désagréments du vieillissement.

« *En vieillissant, on vit des restrictions, en raison des problèmes de santé. On ne peut plus faire tout ce qu'on faisait, ni manger tout ce qu'on mangeait. Quand j'étais plus jeune, j'ai tellement profité de la vie, je n'ai jamais pensé que j'en arriverais là.* » (♀, 84 ans)

Comme pour tout le monde, la santé des aînés repose également sur un moral positif et des dispositions psychologiques ouvertes sur les autres.

« *Il faut rester connecté, socialement actif, éviter de se replier sur soi-même et refuser l'exclusion.* » (♀, 71 ans)

« *Tout le côté social est aussi important pour la santé. Lorsqu'on se retire et s'isole, toutes les émotions restent à l'intérieur et c'est très néfaste pour la santé. On vit une peine, il faut la dire. On a une joie, il faut la raconter.* » (♂, 65 ans)

D'autres mentionnent l'importance de préserver sa vivacité intellectuelle afin de conserver la maîtrise de sa vie. « *En résumé, la santé, c'est de garder son intellect actif et son autonomie le plus longtemps possible.* » (♀, 78 ans)

Bien sûr, il faut ajuster ses projets à ses capacités physiques déclinantes et surtout viser à retrouver sa liberté de mouvement après les épisodes de maladie.

« *La bonne santé chez les aînés, c'est de pouvoir continuer ses projets, à un rythme différent. Il faut aussi prioriser l'autonomie, continuer à se débrouiller même après la maladie et les opérations médicales.* » (♀, 78 ans)

« *Quand on perd la santé, on ne fait plus rien. La santé, c'est tout.* » Un récent problème de santé a effrayé cette dame octogénaire. Heureusement, elle a pu compter sur son conjoint pour retrouver son calme. Mais l'épisode a été difficile pour le couple. « *Quand on perd la santé, on est aussi bien d'être mort, autrement on souffre et on fait souffrir les autres.* » (*🚹, 84 ans*)

Recettes

Que les fonctionnaires de la Santé publique se rassurent, leurs messages qui encouragent les gens à s'occuper de leur santé ont été entendus par les aînés, du moins par les 32 répondants.

« *Il est sûr que tout ce qu'on dit ces jours-ci est valable : pour rester en bonne santé, il faut bien manger, bouger, être actif, rester éveillé à ce qui nous entoure. À mon âge, je peux dire que je suis un aîné en santé.* » (*🚹, 86 ans*)

Par ailleurs, la question a permis de pointer d'autres facteurs qui contribueraient à une vieillesse en santé, parmi lesquels l'estime de soi tient une bonne place.

« *Il faut aussi se pardonner ses erreurs. Tout le monde en fait. L'important, c'est de se pardonner et d'essayer plutôt d'être fier de ses belles réalisations.* » (*🚺, 85 ans*)

« *Penser à soi d'abord, ce qui n'est pas contradictoire avec le bénévolat. Je suis à une étape de ma vie où je pense à moi.* » (*🚺, 69 ans*)

On conseille ce qu'on a mis en pratique durant sa vie. Cette dame a toujours réagi avec rapidité et discernement aux coups durs que la vie lui a apportés. « *Quand vous avez un problème, réfléchissez et essayez de le régler. Si vous ne pouvez le faire vous-même, allez chercher de l'aide. Quand j'ai un problème, je le règle immédiatement. Après je n'y pense plus. Je ne nourris pas de peine pour des choses que je ne peux pas régler.* » (*🚺, 85 ans*)

Est-ce là le secret de sa totale et rapide guérison après deux cancers ? Régler ses problèmes peut-il aider à combattre la maladie ? « *Je ne suis jamais malade, je n'ai jamais été malade. Sauf deux fois où j'ai souffert de cancer. J'ai été opérée à deux reprises, et deux semaines après l'opération, j'avais complètement récupéré et je reprenais ma vie comme avant. »* (♀, 85 ans)

Accepter son sort

Plusieurs répondants croient que pour vieillir en bonne santé physique et mentale il est très important d'accepter sa condition, de se résigner (même si le mot n'a jamais été prononcé) aux faiblesses du corps afin de conserver la sérénité de l'esprit.

« La question de fond est le consentement à donner pour chaque perte physique : l'ouïe, la vue, la mobilité, etc. Mais ce consentement s'accompagne d'une espèce d'abandon, une lenteur à se mouvoir. » (♀, 86 ans)

« Le plus important – et je pense le plus efficace – est d'accepter de vieillir, accepter ses malaises, les reconnaître, les soigner et continuer à vivre. » (♀, 73 ans)

« Il n'y a pas vraiment de recettes, croit une autre répondante. *Cela dépend de son bagage génétique, de ses antécédents héréditaires. Certains ont été plus chanceux que d'autres. Tous ne sont pas vraiment égaux devant la santé, mais quoi qu'il en soit, refuser sa condition ne peut qu'accroître son malheur. »* (♀, 71 ans)

« Moi je dis que mon mari est décédé par sa faute. Il n'a pas voulu consulter parce qu'il n'acceptait pas d'être malade. Je lui en ai voulu pour cela, parce qu'il en est mort. » (♀, 85 ans)

Il semble que cette attitude face au vieillissement, loin de dénoter du fatalisme, est plutôt dictée par le réalisme qui amène les aînés à soigner ce qui peut l'être. De cette façon, du moins peuvent-ils tenter de trouver un soulagement pour ce qui ne peut guérir. Dans ce sens, le dicton «faut accepter ses problèmes de santé en vieillissant» devient moins sombre et plus positif.

Un autre secret que les répondants ont voulu partager, c'est l'aspiration à la sérénité, cet effort constant pour garder le moral bien haut malgré les deuils de l'âme et les diminutions du corps.

« Il ne faut pas prendre les affaires trop à cœur, ne pas se casser la tête pour rien. Rester calme et essayer de prendre la vie du bon côté. » (♂, 84 ans)

« Je m'exerce à penser de façon positive, à ne pas être toujours triste même si j'ai de bonnes raisons depuis le décès de mon épouse. » (♂, 86 ans)

« Avoir confiance en la vie, laisser ses problèmes dans les mains du bon Dieu. » (♀, 71 ans)

Et puis, bien sûr, à 80 ans comme à 60 ans, il faut bouger, utiliser ses forces, même déclinantes, pour éviter de figer prématurément son corps et son esprit dans la vieillesse.

« Si vous ne faites pas d'efforts, vous ne pouvez pas rester en forme. Si vous saviez comme j'ai bougé ces derniers jours, je viens même de laver mon plancher! Je vous dis cela pour illustrer comment on se croit incapable parce qu'on nous motive à cela. On nous dit de ne pas faire trop d'efforts, "vous allez vous casser ceci, vous casser cela, ne bougez pas trop, vous pouvez tomber". J'ai déjà fait deux AVC, je peux encore tomber n'importe quand, mais je ne pense pas à ça. Je profite du temps qu'il me reste pendant que je suis bien. » (♀, 85 ans)

« Souvent, les gens veulent nous protéger, mais ils nous surprotègent. Ils veulent nous aider, mais ils nous rendent dépendants. Il est important que les personnes âgées réalisent cela. » (♀, 78 ans)

En résumé, ce sont des recettes «grand public», pleines de cette sagesse faite d'expérience, qu'on aurait tort de balayer de la main. « Pour vieillir en santé, il ne faut pas s'isoler, mais plutôt chercher le bon côté des choses, des gens et des événements. Garder un bon moral, faire de l'exercice, c'est 80 % de la santé. » (♀, 61 ans)

Avec un sourire en coin, une octogénaire nous dévoile son arme secrète pour vieillir en santé et en beauté. Qui sait? La recette peut s'avérer positive pour d'autres. « Moi, ça fait 25 ans que je mange de la crème Budwig. C'est ça mon secret. Au fond, je ne sais pas si ça contribue le moindrement à ma bonne santé, mais moi je me sens très bien avec ça. » (♀, 85 ans)

La santé mentale

Personne ne niera que le vieillissement peut en soi constituer une cause de dépression. Quand on sent son corps perdre ses forces, que des problèmes de locomotion ralentissent la marche, que les deuils s'accumulent, il est plausible que des êtres plus fragiles se sentent complètement anéantis. Voilà ce qu'explique cette octogénaire pourtant bien portante.

« *Je fais face aux manifestations du vieillissement dans la maison de retraite, le petit choc qu'on éprouve quand on voit arriver quelqu'un avec un déambulateur. Quand on sent la perte graduelle des forces et de l'autonomie, on pense à la prochaine étape, c'est-à-dire l'hôpital. Tout cela peut faire vivre des périodes dépressives. Mais il est certain que chacun le vit à sa manière, selon son caractère.* » (♀, 86 ans)

Un prêtre fait remarquer que beaucoup d'aînés ont abandonné les valeurs spirituelles qui les ont fait vivre pendant de nombreuses années et qui les aideraient, arrivés à un âge avancé, à rester en contact avec la réalité.

« *Quand on est aîné, on a des faiblesses aussi, et quand on n'a plus rien à quoi se raccrocher, on peut déprimer. On est faible dans le sens qu'on n'a plus la vigueur qu'on avait à 30 ans et notre esprit n'est plus aussi alerte. On est limité et beaucoup de gens nous le rappellent. Tout cela diminue grandement notre force personnelle.* » (♂, 68 ans)

Une aînée qui se déplace difficilement fuit les conversations sur les maladies et leur effet négatif sur son moral :

« *Je n'aime pas beaucoup parler de santé, de problèmes de santé. D'abord parce que je les nie. Je suis suivie pour une quantité de maladies, mais si je me mets à penser juste à ça, je déprimerai. Je déteste rencontrer des personnes âgées qui ne parlent que de leurs maladies.* » (♀, 73 ans)

Les répondants identifient la souffrance physique, la solitude, le sentiment d'abandon et de dévalorisation personnelle comme des causes principales de la dépression chez les aînés.

« J'ai eu connaissance d'aînés qui, après avoir élevé tous leurs enfants, se sentaient abandonnés par eux. Les parents font du déni en ce qui concerne le comportement de leurs enfants envers eux. Ils les couvrent en les disant tellement occupés par leur travail qu'ils doivent tenir maison ou élever leurs propres enfants. Mais moi je trouve inacceptable qu'une femme qui a sept enfants, vivant tous à proximité, se sente abandonnée parce qu'elle n'a pas de visite. Ni même un appel téléphonique. » (👤, 73 ans)

« La dépression chez les aînés est causée par l'éloignement des enfants, qui ont leur vie à faire. Ils ne viennent pas souvent voir leurs parents. Ils travaillent et n'ont pas toujours le temps de téléphoner pour prendre des nouvelles. » (👤, 73 ans)

La dépression atteindra aussi la personne âgée qui a une faible estime d'elle-même, qui a peu de bons souvenirs de réussite, à qui le regard derrière l'épaule ne révèle qu'une suite d'échecs ou de non-accomplissement. Le sentiment d'isolement et d'exclusion devient alors facilement réalité.

« Une personne peut vivre en famille, elle peut vivre en société, mais si elle n'est pas valorisée, si elle se sent exclue, cela peut devenir une cause de dépression. » (👤, 68 ans)

Il en va de même pour les aînés qui n'ont pas pu se préparer à vivre l'étape de la vieillesse, ceux pour qui la retraite signifie la mise à l'écart de la société.

« On se pense inutile souvent parce qu'on ne se connaît pas, on n'a pas découvert ses talents. Car même à 80 ans on est capable d'apporter quelque chose. Ne serait-ce que d'écouter ceux qui viennent raconter leurs malheurs. Ceux qui sont dépressifs, c'est qu'ils se croient inutiles. Ils ne se connaissent pas. Ils n'ont pas appris à découvrir leurs richesses. » (👤, 68 ans)

Tous ces sentiments négatifs, susceptibles de mener à la dépression, ne sont pas réservés aux personnes vivant seules. On peut vivre l'exclusion et la solitude dans n'importe quel environnement humain. Et dans tous les cas, la pertinence de l'intervention représente un véritable défi tellement il est difficile d'identifier les personnes à risques.

« *La solitude se vit aussi en couple. Cependant, il est difficile d'identifier un niveau de solitude qui amènerait éventuellement à la dépression une personne qui vit en couple.* » (👤, 71 ans)

« *Je pense que les gens en général, même les personnes âgées, ont de la difficulté à aller chercher de l'aide. Pour plusieurs, la maladie mentale, c'est honteux.* » (👤, 69 ans)

La longévité est aussi pointée du doigt quand l'aîné n'a plus de qualité de vie, soit à cause de problèmes de santé, soit parce qu'il s'est retiré du courant de la vie. À quoi servent les avancées de la science si les gens ne sont pas plus heureux, se demande-t-on ? « *Autrefois, l'aîné s'éteignait quand son heure était venue, mais maintenant on a des aînés qui se multiplient à l'infini, grâce à une meilleure alimentation et aux traitements médicaux.* » (👤, 68 ans)

Par ailleurs, n'est-il pas paradoxal que certains aînés s'isolent et se replient sur eux-mêmes, alors que de nombreux programmes d'activités sont conçus pour les garder actifs, que de plus en plus de loisirs et de lieux de participation sociale leur sont offerts ? Une dame expose son point de vue :

« *C'est bien beau, mais tout le monde n'est pas fait sur le même modèle. Il y en a qui n'iront jamais dans tel champ d'activités, d'autres ne savent même pas que cela existe. Beaucoup de gens de ce quartier n'ont jamais mis les pieds au Jardin botanique.*

Moi je ne crois pas au proverbe qui dit "Si tu veux tu peux." Il y a des gens qui voudraient bien, mais qui sont vraiment incapables de sortir de chez eux, d'être plus actifs, d'être heureux. On peut changer d'attitude, on peut s'améliorer et évoluer, mais les humains ne vont pas tous au même rythme et n'ont pas tous eu la même chance. » (👤, 71 ans)

Il peut aussi arriver que des aînés se sentent isolés socialement quand ils ont perdu trop d'êtres chers et d'amis de leur génération. Est-ce qu'une personne de 80 ans peut se refaire un environnement affectif pour combler le vide qui s'est créé autour d'elle ? Est-ce que la vie n'est pas une succession de bonheurs et de renoncements ?

« Je me souviens de l'histoire de mon père et de la grande déprime qu'il a vécue quand il a perdu son permis de conduire. Ça été un véritable deuil pour lui. Durant toute notre vie, on vit des deuils, il ne s'agit pas toujours de la perte de personnes chères, mais les difficultés, la perte d'un travail, un coup dur, une désillusion, une déception, ce sont des deuils à vivre. Et en vieillissant, c'est probablement plus difficile, parce qu'il y en a de plus en plus. » (♂, 63 ans)

À cette question également, les réactions sont multiples et combien différentes.

« Je ne veux pas me laisser déprimer par les décès ou les maladies des autres. Ceux qui sont morts sont morts. » (♂, 78 ans)

« Il y en a qui ne veulent pas se faire des amis, qui ne veulent pas sortir de leur coquille. Ma sœur est comme ça. J'en ai une de 91 ans qui est encore très active, qui fait encore des voyages accompagnée d'une bénévole. L'autre a 88 ans seulement et elle a peur de bouger. Mais je sais qu'on ne change pas en vieillissant. Elle a toujours eu peur de tout. » (♀, 85 ans)

♡♡♡ J'AI ÉTÉ TOUCHÉE PAR LA DÉPRESSION AU COURS DE MA VIE, JE SAIS QU'IL FAUT ALLER CHERCHER DE L'AIDE. LES MÉDICAMENTS SEULS NE PEUVENT PAS ÊTRE UNE SOLUTION. ILS CÈLENT LE PROBLÈME ET RISQUENT DE CRÉER UNE DÉPENDANCE SANS APPORTER AUCUNE SOLUTION.

LA SANTÉ MENTALE COMMENCE PAR L'EFFORT QUE JE FAIS MOI-MÊME. CE N'EST PAS ÉVIDENT POUR UNE PERSONNE DÉPRIMÉE. IL FAUT LE RECONNAÎTRE, ACCEPTER LA DÉPRESSION COMME QUELQUE CHOSE D'HUMAIN. NON, JE NE SUIS PAS FOLLE NI DIFFÉRENTE. ENSUITE DEMANDER DE L'AIDE, UN SUIVI MÉDICAL. (♀, 61 ANS) ♡♡♡

Le suicide

C'est avec beaucoup de sérieux que les aînés ont répondu à cette question aussi troublante : pourquoi des personnes âgées en viennent-elles à mettre fin à leurs jours ? Les opinions convergent : c'est la souffrance, physique ou morale, qui pousse au désespoir, souffrance causée par la maladie, par l'isolement, par le sentiment d'abandon et d'inutilité, par la pauvreté. Une souffrance devenue intolérable pour certains. *« Toutes les personnes n'ont pas le même degré d'endurance à la souffrance physique ou morale. »* (♀, 71 ans)

Selon cette aînée, la souffrance morale peut résulter de la valorisation de l'avoir plutôt que de l'être, qui amène l'individu à concentrer l'essentiel de la satisfaction de soi dans la consommation de biens matériels.

« Le suicide suppose une grande souffrance, qui peut venir de la perte ou de l'absence du sens de la vie en vieillissant. Trop de gens ne travaillent toute leur vie que pour survivre et consommer. Une fois à la retraite, ils se sentent inutiles car ils n'ont pas trouvé de sens à leur vie. Ils n'ont pas de souvenir d'une réussite personnelle même ancienne, pas de scolarité, pas de succès au travail. Alors vers quoi se tourner quand on quitte le travail et qu'on se retrouve face à soi-même ou à rien lorsqu'on n'a aucune estime de soi ? Les pôles de référence que représentait l'Église n'existent plus et rien ne les a remplacés. » (♀, 86 ans)

Dans un quartier populaire, les gens trouvent un sens à leur vie en fondant une famille, en travaillant pour nourrir leurs enfants et éprouvent de la satisfaction à les mener à l'âge adulte. Mais une fois devenus vieux, lorsque les enfants sont occupés par leur propre vie et sont tiraillés entre la famille et le travail, les parents peuvent avoir le sentiment d'être rejetés car ils n'ont plus de rôle à jouer au sein de leur famille. Avoir le sentiment d'être seul quand on a mis au monde un enfant ou plus peut conduire à la dépression et au suicide, selon certains répondants.

« Moi j'entends beaucoup cette plainte des personnes âgées qui se demandent ce qu'elles font encore dans la vie, qui ne se sentent utiles à

personne, qui ne sont réclamées par personne. À qui on ne demande jamais rien. Quand on s'est donné toute sa vie et que tout à coup on n'a plus personne, on ne peut plus faire ce qu'on connaît, alors on fait quoi dans la vie ? » (♀, 71 ans)

Cette jeune aînée a dû faire face au problème du suicide et a pris le temps de l'étudier et d'y réfléchir. Aussi, c'est avec assurance qu'elle partage ses conclusions :

« J'ai compris que les gens suicidaires sont amenés à cette extrémité par la souffrance. Ils ne veulent pas en finir avec la vie, ils cherchent le moyen ultime d'arrêter de souffrir.

« Si on leur demandait : "Est-ce que tu continuerais à vivre si j'arrive à t'enlever ta douleur ?" Je suis sûre qu'ils accepteraient. » (♀, 69 ans)

Le système hospitalier québécois

Le système de santé pour tous existe depuis tellement longtemps que les Québécois oublient souvent de se reporter à l'époque où les soins médicaux se partageaient entre charité publique et traitements payants selon l'origine sociale du malade. Pourtant, contrairement à ce que véhiculent certaines critiques, la couverture des soins ne cesse de s'ajuster aux changements démographiques tout en tenant compte des coûts astronomiques des nouvelles technologies et des traitements de maladies autrefois mortelles. Plusieurs répondants sont conscients des défis que doit relever notre système de santé.

« Le plus difficile, c'est d'entrer dans le système, mais une fois qu'on y est, on est très bien reçu, très bien soigné. Ma femme a subi plusieurs opérations qui ont certainement coûté très cher au total. On est chanceux d'être au Québec et d'avoir ces services gratuits. On est ici privilégiés. Évidemment, tout n'est pas parfait, mais il n'y en a pas de situation parfaite. » (♂, 63 ans)

« J'ai une grande confiance dans notre système de santé, malgré les attentes dans les urgences. » (♀, 61 ans)

La plupart des répondants sont satisfaits également de l'attention et des soins prodigués par leur médecin.

« *J'ai un bon médecin qui a gardé mon dossier quand il a changé de bureau, et je suis toujours content de le revoir. Je suis très bien soigné dans un CLSC.* » (♁, 63 ans)

« *Je suis suivie depuis plusieurs années par la même femme médecin que j'aime beaucoup. Elle prend le temps de lire mon dossier avant la visite médicale. Mais elle vieillit aussi et je crains fort qu'elle m'abandonne avant que je ne la laisse.* » (♁, 85 ans)

Évidemment, quand on doit s'adresser à du jeune personnel soignant, on réalise que le temps a passé, qu'on n'a plus exactement le même langage ni les mêmes attitudes. Bref, on appartient à des générations différentes. Mais c'est la vie.

« *Comme dans toutes les générations précédentes, on dirait que les jeunes soignants pensent que les vieux sont des bêtes d'un autre siècle. Mais bon, il faut s'adapter au regard des plus jeunes de toute façon.* » (♀, 73 ans)

Il arrive même qu'on pousse les commentaires plus loin. Par peur d'être maltraités à leur tour, les gens interprètent quelquefois de façon négative ce qu'ils observent lors d'un passage dans les salles d'attente. Ces perceptions sont ensuite répétées, ce qui accroît les craintes et les préjugés à l'endroit du personnel soignant et du système de santé.

« *Quand on arrive à l'hôpital, on s'aperçoit que les vieux sont un poids. On fait passer les jeunes, parce que ça vaut la peine de les soigner. Moi je n'ai pas à me plaindre, car je n'ai pas eu de problème, mais les vieux qui ont des handicaps, qui sont sourds, etc. ce n'est pas une bonne place pour eux à l'hôpital. Faut être un petit peu agile même quand on est vieux.* » (♁, 84 ans)

Cette jeune retraitée a été active dans le milieu communautaire une bonne partie de sa vie adulte. Elle a su profiter des informations et des incitations pour adopter une attitude critique vis-à-vis des services offerts à la population. Aussi a-t-elle été capable de développer une attitude responsable face à sa propre santé :

« *Je demande toujours une copie de mes résultats d'analyse et je l'apporte moi-même au médecin. Le système est trop débordé, je crains que les résultats n'arrivent pas à bon port. Même chose à la pharmacie, je parle de mon dossier avec le pharmacien. Il est important de ne pas tout remettre dans les mains des spécialistes de la santé. En tant qu'humain, je dois prendre ma responsabilité face à moi-même et à ma santé.* » (♀, 61 ans)

Les personnes plus âgées n'ont pas été encouragées à discuter avec leur médecin. Au contraire, anciennement, la société québécoise considérait le médecin comme un personnage savant qui jouissait d'un grand prestige. On répondait à ses questions, on ne lui en posait pas, comme l'exigeait le respect envers des personnalités importantes.

Une octogénaire a dû se rendre à l'hôpital récemment pour un urgent problème de santé. C'est avec beaucoup d'émotion qu'elle raconte son expérience. Elle ne peut s'empêcher de la comparer avec l'image qu'elle a gardée de l'époque où les hôpitaux étaient gérés par les religieuses.

« *Durant les visites à l'urgence, au bureau du médecin, durant les examens, je n'ai jamais compris ce que j'avais, je ne sais toujours pas. Tout doit toujours aller vite. On n'a plus le temps de parler avec ceux qui s'occupent de nous. J'ai été traitée, mais je pensais que cela serait mieux que ce que j'ai vécu.* » (♀, 84 ans)

Elle conclut en regrettant les temps anciens. « *Avec les sœurs, c'était parfait. Ce n'est plus comme avant dans les hôpitaux.* »

Éloges du CLSC de Hochelaga-Maisonneuve

Plusieurs des répondants sont suivis par l'équipe médicale du CLSC du quartier. Ils ont exprimé sans aucune retenue leur satisfaction à l'endroit des services qu'ils reçoivent et ont souligné le dévouement du personnel soignant.

« Je suis suivie par le CLSC et je suis satisfaite à 100 %. J'ai un excellent docteur depuis plus de 20 ans. J'ai même une infirmière qui vient à domicile pour suivre l'évolution de mon diabète. » (♀, 84 ans)

« Ici, dans Hochelaga-Maisonneuve, on a un des meilleurs CLSC de la région de Montréal. Des professionnels viennent me donner mes soins quotidiens, on ne peut pas trouver de meilleurs traitements. Même le médecin arrête parfois de lui-même pour prendre de mes nouvelles. Il prend le temps de parler, de me téléphoner, il est bien fin ! Je sens qu'on s'occupe bien de moi. » (♂, 84 ans)

« J'ai reçu d'excellents services du CLSC. Tout le personnel nécessaire passait à la maison après mon opération au genou, parce que je tenais à rentrer chez moi au lieu d'aller dans une maison d'hébergement comme me le recommandait le médecin. » (♂, 78 ans)

« Je suis suivi par un médecin du CLSC préoccupé par la condition sociale de ses patients. Il donne de bons conseils et étudie ses dossiers. Il me traite comme si j'étais son père. » (♂, 86 ans)

Sur le prolongement de la vie

Que faire pour assurer une présence auprès des personnes âgées qui vivent seules ? La question est posée juste au moment où on vient de prendre la décision de réserver les lits d'hôpitaux aux malades et de créer des ressources intermédiaires pour les aînés dont les soins médicaux ne justifient pas une entrée dans un CHSLD. Mais dans l'intervalle, les aînés, aussi autonomes soient-ils, vieillissent à domicile et, s'ils vivent seuls, ils courent des risques qui inquiètent cette répondante. *« Peut-être faudrait-il instaurer des services privés responsables de visiter systématiquement et quotidiennement toutes les chambres et les maisons où habitent des aînés seuls. »* (♀, 73 ans)

Elle s'est occupée de sa mère et se remémore son expérience. *« Il est vrai qu'on peut compter maintenant sur les services des CLSC et des hôpitaux, mais personne n'est là 24 heures sur 24. Après la visite à son domicile, la personne qui habite seule peut rester plusieurs heures, même plusieurs jours toute seule. »*

Elle insiste donc sur la solidarité communautaire qu'il faudrait développer davantage pour assurer le bien-être d'une population vieillissante. « *C'est pour ça qu'il est important de se créer un réseau, de s'assurer que quelqu'un communiquera avec toi tous les jours.* » Elle termine en exprimant sa crainte que « *la société fasse vivre de nombreux aînés qui mourront seuls chez eux* ».

D'autres doutent justement des bienfaits de la longévité pour tous et remettent en question les artifices médicaux qui prolongent la vie d'aînés malades.

« *Où est la qualité de vie quand on fait survivre des personnes âgées à coups de traitements ou d'acharnement thérapeutique ? Qu'est-ce qu'on veut prouver ? Autrefois, les vieux mouraient naturellement. Quand leur santé déclinait, on les laissait aller vers la mort. Maintenant, on ne finit plus de mourir, on vit de plus en plus vieux.* » (♀, 68 ans)

Une octogénaire apporte son point de vue sur la question. Il faut dire qu'elle habite dans une maison pour aînés et vieillit bien au milieu de personnes âgées autonomes. Pour elle, la longévité est un bienfait. Non seulement elle vit plus longtemps, mais elle vit *heureuse* plus longtemps.

« *Je dirais que c'est le gouvernement qui nous aide à vivre plus longtemps. Quand j'étais jeune, des femmes de 50 ans étaient pratiquement aussi amochées que je le suis maintenant à 85 ans.* » (♀, 85 ans)

♡♡♡ « J'AI VÉCU TOUS CES CHANGEMENTS AU RÉGIME DE SANTÉ ET JE PEUX VOUS AFFIRMER QUE LA GRATUITÉ A COMPLÈTEMENT CHANGÉ LES MENTA-LITÉS ET LES ATTENTES QUANT AUX SERVICES DE SANTÉ.

L'ASSURANCE MALADIE EST ARRIVÉE AU QUÉBEC EN NOVEMBRE 1970. MOI J'AI CONNU LA PÉRIODE AVANT ET APRÈS L'ASSURANCE MALADIE. AVANT 1970, LES GENS CONSULTAIENT TRÈS PEU LE MÉDECIN PARCE QUE CHAQUE CONSUL-TATION COÛTAIT AU MOINS CINQ DOLLARS. À CETTE ÉPOQUE, LES GENS ALLAIENT

DIRECTEMENT CHEZ LE PHARMACIEN. APRÈS LE 1er NOVEMBRE 1970, LES GENS ALLAIENT CHEZ LE MÉDECIN, EN RESSORTAIENT AVEC UNE ORDONNANCE LA PLUPART DU TEMPS, ET AU BOUT DE TROIS JOURS, S'ILS NE SENTAIENT AUCUNE AMÉLIORATION, ILS RETOURNAIENT VOIR UN AUTRE MÉDECIN. PARCE QUE C'ÉTAIT TOUJOURS GRATUIT. D'OÙ TOUS LES ABUS DE CONSOMMATION DE MÉDICAMENTS, AU DÉTRIMENT DE LA SANTÉ D'AILLEURS.

ON A ACCUSÉ LES MÉDECINS D'ABUSER DE LA CARTE, MAIS SELON LA DÉONTOLOGIE, UN MÉDECIN NE PEUT PAS REFUSER UN PATIENT. CELA N'A PAS TOUJOURS ÉTÉ FACILE POUR LES MÉDECINS DE DÉCIDER COMMENT TRAITER LES PATIENTS ABUSEURS DE MÉDICAMENTS. » (♂, 73 ANS) ♀♀♀

Sur les médicaments

Les médias rapportent périodiquement que les médicaments contribuent, avec les traitements, à faire exploser les frais de santé consacrés à la population vieillissante. Les répondants ont tous lu ou entendu des commentaires sur ce sujet qui les interpelle au plus haut point. Ils se sont cependant exprimés davantage sur les causes et les effets de la médication des aînés que sur les coûts financiers.

Selon certains, la pilule serait considérée par plusieurs aînés comme porteuse de miracle, celle qui, à défaut de régler les problèmes, en gèle les mauvais effets qui gâchent la vie quotidienne.

« Je crois que les aînés insistent pour avoir un médicament, une petite pilule qui réglera tous leurs problèmes et leur permettra de vivre heureux et peut-être même de retrouver la jeunesse. Autant dans le domaine psychologique que physique, les gens ont besoin d'être soulagés, et la pilule apparaît comme la réponse à tout. Comme le miracle. » (♀, 73 ans)

« Les aînés insistent parce qu'ils croient que les médicaments leur faciliteront la vie. » (♂, 73 ans)

« Il y a des aînés qui courent chez le médecin pour chaque petit bobo, et qui en sortent avec des pilules chaque fois. Il est vrai qu'en vieillissant plusieurs malaises peuvent se révéler. Mais il y a une limite à

courir chez le médecin pour tout. Il faut savoir endurer son corps et développer un minimum de résistance à la souffrance. » (♀, 73 ans)

Par ailleurs, personne ne nie les bienfaits des médicaments pour soulager les maux induits par le vieillissement, car ils permettent de continuer à vivre et à agir. Il faut en prendre quand cela devient nécessaire et de façon générale *« se situer par rapport à la pilule. Il n'y a pas de pilule miracle, mais il faut ce qu'il faut. »* (♀, 86 ans)

« Quant aux médicaments, il faut certainement prendre ce que le docteur prescrit. J'en ai pour le cancer et j'en ai pour le cholestérol. » (♀, 85 ans)

« Les médicaments peuvent être nécessaires pour traiter le cœur, la pression et ce genre de maladie, mais cela ne guérit pas. » (♀, 66 ans)

Outre la recherche de soulagement et de mieux-être, une autre hypothèse est avancée par les répondants pour expliquer la grande consommation de médicaments qu'on attribue aux aînés. C'est le rapport au médecin qui signe les ordonnances. Ce dernier n'aurait plus le temps d'écouter les patients aînés. Moins que les autres tranches de la population ? On comprend que c'est plutôt une attitude qui s'adresse à tous, mais plus fréquemment chez les aînés qui n'ont pas été habitués à «être à l'écoute de leur corps» et considèrent encore le médecin comme le grand manitou qui sait régler tous les problèmes.

« C'est peut-être parce que les médecins ont moins de temps à consacrer aux patients qu'ils sont plus portés à prescrire des médicaments. Car on lit souvent dans les journaux qu'on prescrit beaucoup d'antidépresseurs et de médicaments de toutes sortes. » (♂, 63 ans)

« Le problème se situe au niveau de l'attention portée aux malades. Souvent le médecin est tellement pris qu'il n'a pas le temps de s'informer des autres médicaments qu'on prend déjà ou de notre état de santé en général. De sorte que le médicament prescrit pour le problème qui vient de lui être exposé peut entrer en contradiction avec les autres médicaments.

Autrement dit, il faut rester alerte surtout dans notre tête, poser des questions et remettre en question ce qui est discuté. » (♀, 73 ans)

« *On prescrit trop de médicaments surtout chez les personnes âgées, car les médecins sont trop rapides à diagnostiquer. Ils ne prennent pas le temps d'écouter et d'enquêter sur les habitudes de vie de leurs patients. Les médecins sont obligés de faire trop de paperasses et de bureaucratie.*

« *De plus, beaucoup de patients ne parlent pas, ne sont pas à l'écoute de leur corps, n'observent pas les effets des médicaments, ne se documentent pas sur les conséquences de la combinaison de certains médicaments. »* (♀, 61 ans)

Par contre, c'est justement le contraire que d'autres répondants apprécient chez leur médecin traitant : il leur fait confiance, les écoute et les rend responsables du suivi des ordonnances. Serait-ce là la clé d'une bonne relation avec son médecin et donc d'une médication mieux adaptée ? On sait déjà qu'au Québec quantité de citoyens n'ont pas de médecins de famille. « *Mon médecin me laisse libre d'arrêter mes pilules quand je considère que c'est assez. Elle me suit depuis très longtemps et me voit deux fois par année. »* (♀, 86 ans)

« *J'ai été très contente quand le médecin a supprimé une pilule que je prenais. »* (♀, 90 ans)

« *Je ne trouve pas qu'on me donne trop de médicaments. Quand on me prescrit un médicament, je demande toujours à quoi il doit servir, combien de temps je dois le prendre. »* (♀, 71 ans)

Le vieillissement

Les changements démographiques que vivent les sociétés développées comme le Québec ne modifient pas substantiellement le phénomène : le vieillissement est d'abord individuel et se vit de l'intérieur. Le nombre de personnes âgées s'accroît, la longévité augmente, les moyens et subterfuges pour sauver les apparences sont de plus en plus nombreux, mais l'affaiblissement attribuable au grand âge finit toujours par nous rejoindre.

Une octogénaire a vécu la plus grande partie de sa vie en logement. Ces dernières années, son état de santé l'a obligée à déménager dans une maison de retraite. Elle sent ses forces décliner lentement et observe les changements physiques qui la mèneront inexorablement vers la fin.

« J'ai connu en décembre une période de perte d'énergie et je me suis demandé si c'était l'heure de passer à l'autre étape, d'aller dans la maison d'où l'on ne sort plus. On se trouve seul devant le vieillissement, et votre corps vous dit si c'est le moment. Et puis, je me suis préparée à cette éventualité depuis que je suis dans cette maison de retraite.

« Je n'ai plus la force physique. Le silence m'habite, la sagesse aussi, une présence s'accentue. On est fait pour arriver là. C'est une étape, la dernière. Heureusement, je la vis consciemment, les yeux ouverts. » (♀, 86 ans)

Toutefois, avant d'en arriver à cette extrémité, un lent processus prend forme qui devrait permettre de trouver un sens à cette nouvelle phase qui s'avère de plus en plus longue. « Il a fallu aller chercher au fond de mon expérience personnelle une source de sens », conclut-elle. (♀, 86 ans)

Un peu de philosophie permet de surmonter les nouveaux obstacles qui se présentent. « Vieillir, c'est s'adapter », affirme une aînée dans la « force de la vieillesse ». Elle a déjà ajusté son mode de vie à son état physique et elle sait qu'elle devra continuer à le faire. Elle trouve même quelque chose de positif au vieillissement.

« Je pense qu'à partir de 70 ans, quand on commence à perdre un peu de force physique, c'est la période où on apprend le plus dans la vie. Parce qu'on est plus conscient. » (♀, 73 ans)

Malheureusement, le vieillissement se vit aussi de l'extérieur, dans les yeux des autres, dans les portraits véhiculés dans les médias, dans les préjugés qui alimentent l'âgisme.

« Une personne a beau avoir été médecin, un autre professionnel ou encore une vedette recherchée, quand elle vieillit, elle n'est plus qu'un vieux ou une vieille. Toutes les expériences précédentes et même la gloire sont oubliées. » (♀, 73 ans)

« Dans la publicité à la télé, l'image des aînés est parfois négative parce que, pour la grande majorité des jeunes, le vieillissement c'est négatif. Quand on est jeune, on ne veut pas penser qu'on vieillira aussi un jour. » (♂, 63 ans)

Et comment apprécie-t-on le traitement que la société réserve aux gens âgés? Ont-ils toujours leur place, leur accorde-t-on la reconnaissance qui leur est due?

« Le concept de mentor qui se répand de plus en plus indique un retour vers la reconnaissance des personnes âgées. » (♀, 86 ans)

« Il faut se reconnaître d'abord en tant qu'individu et non plus en tant que vieux. Cela permet de retrouver des souvenirs et de renouer avec des personnes connues. » (♀, 73 ans)

Certains s'indignent de leur mise au rancart dès qu'ils cessent d'être «utiles». Un jeune retraité s'est occupé de sa mère pendant les dernières années de cette dernière. Il lance un vibrant appel aux enfants qui ont la chance d'avoir des parents vivants.

« Il faut aider les gens âgés à finir leur vie d'une belle façon, il ne faut pas les laisser seuls, les abandonner. Je ne trouve pas ça conséquent. C'est comme d'avoir des enfants et de les laisser à eux-mêmes. Vous avez de vieux parents qui vivent encore et vous ne vous en occupez plus. Il faut prendre soin des vieux comme on prend soin des jeunes. On ne peut pas tout donner aux enfants et négliger les parents. Les deux groupes font partie de la vie et ils vont ensemble. » (♂, 65 ans)

La manière dont sont traités les plus âgés peut accentuer l'angoisse des générations suivantes qui observent et se demandent quel sort leur sera réservé lorsque leur tour viendra.

« Je trouve que les vieux, on les met de côté et on ne les intègre pas à notre société. Et pourtant ils vivent de plus en plus longtemps. Mais pour moi, ce n'est pas vivre, c'est exister. Et je crains qu'on aille de plus en plus dans ce sens avec les personnes vieillissantes. » (♂, 72 ans)

Toutes ces inquiétudes n'empêchent pas cette octogénaire, handicapée et vivant seule, d'être heureuse malgré ses 84 ans. «*Je trouve que je suis vraiment gâtée. Plus je vieillis, plus je suis gâtée et je l'apprécie vraiment.* »

L'hébergement ou les soins à domicile ?

Il n'entre aucunement dans le projet de vie des répondants de «réserver» leur place dans un CHSLD. Au contraire, tous leurs efforts pour se garder en forme ont pour but d'éloigner cette perspective. Ils veulent vieillir et mourir là où ils vivent. Leurs propres expériences de ces institutions, en tant que bénévoles ou visiteurs, les incitent à privilégier d'autres options. Cependant, si le sort en décide autrement, il faudra bien se résigner.

« *Je ne veux pas aller dans un CHSLD, mais si on est obligé, on est obligé. On n'y peut rien. Mais j'aimerais mieux que cela n'arrive pas.* » (♟, 84 ans)

« *Nous, c'est sûr qu'on essayera de prendre soin l'un de l'autre tant qu'on sera capables. Mais il arrive que cela devienne trop exigeant, au-dessus des forces d'une personne âgée.* » (♟, 71 ans)

Les rapports sur la négligence ou la maltraitance des aînés en institutions révélés récemment dans les médias ont stigmatisé les esprits des personnes vieillissantes. D'autant plus que certains y ont vu une confirmation de ce qu'ils avaient déjà perçu lors de visites antérieures.

« *Quand je vais dans des maisons d'hébergement pour personnes âgées, j'en vois beaucoup qui sont rivées à leur téléviseur, les yeux hagards, sans beaucoup de réactions. Les gens ont vraiment l'air d'être médicamentés. Ils ne dérangent pas, ils sont dans leur coin, immobiles, ils n'appellent même pas. C'est peut-être ce qu'on veut.* » (♟, 72 ans)

« *Car des fois, on les magane, les vieux, on ne change pas leur couche, on ne les lave pas, on les oublie dans un coin. Mais il ne faut pas y penser, cela ne donne rien et on se rend malade.* » (♟, 84 ans)

Les répondants craignent l'utilisation du médicament comme arme de paix, eux qui s'efforcent de calmer leurs propres maux par l'exercice et la saine alimentation.

« Je crois que cela se fait encore avec les patients qui sont un peu trop agités. C'est connu qu'on leur donne des pilules pour les calmer et les faire dormir. C'est de valeur parce qu'on peut leur donner n'importe quoi, ils vont le prendre. Ça c'est vrai, j'ai déjà vu ça. » (♀, 69 ans)

Une dame essaie de se mettre à la place du personnel soignant.

« Il faut comprendre qu'une personne qui est diminuée par la maladie, qui ne peut plus marcher, peut devenir agressive. Dans les résidences, on n'a peut-être pas la patience. » (♀, 68 ans)

♡♡♡ *« PLUS JEUNE, J'ALLAIS DISTRAIRE LES MALADES ÂGÉS À L'HÔPITAL SUR LA RUE NOTRE-DAME, DANS L'EST. J'AIMAIS FAIRE CELA, JE LE FAISAIS BÉNÉVOLEMENT COMME ENFANT DE MARIE ET CELA ME PLAISAIT. ET JE VOYAIS BIEN QUE LORSQU'UN PATIENT S'AGITAIT ON LUI DONNAIT UN MÉDICAMENT POUR LE CALMER ET POUR QU'IL RESTE TRANQUILLE. »* (♀, 84 ANS) ♡♡♡

La mort

Quand on devient une personne dite âgée, au moins aux yeux des autres (car on peut refuser longtemps de compter les années pour soi-même), pense-t-on à la mort ? La repousse-t-on toujours au lendemain ou s'y prépare-t-on ?

Les entreprises funéraires sont là pour nous rappeler qu'on est mortels et il semble qu'elles ont la bonne oreille d'une majorité d'aînés, quel que soit leur âge.

« Je n'ai pas d'angoisse face à la mort, mes arrangements sont déjà faits. Je n'ai pas peur de mourir. » (♂, 84 ans)

« Moi, la mort ne me fait pas peur, tout est prêt, j'ai écrit mes directives. Mes enfants sauront quoi faire. » (♀, 69 ans)

Si les préarrangements funéraires aident à ordonner les affaires matérielles, les croyances spirituelles réconfortent les esprits.

« *Ça ne me fait pas peur parce que je sais qu'il y a quelque chose de beau là-haut.* » (♀, 69 ans)

« *La mort ne me fait pas peur d'aucune façon, car je suis croyant.* » (♂, 73 ans)

La culture religieuse québécoise a dicté les rituels liés à la mort et, malgré la baisse de la pratique, certaines attitudes restent profondément marquées par le culte catholique. Ainsi, une dame prend son temps avant de répondre. Et ce n'est qu'après un bon moment de réflexion qu'elle murmure, la tête basse, comme après un examen de conscience : « *Non, je n'ai pas peur de la mort. Je ne vois pas ce que j'aurais pu faire de mieux.* »

Le concept de la vie éternelle est peut-être plus nébuleux qu'auparavant, mais il continue de hanter la conscience des aînés.

« *Mais je ne sais toujours pas ce qui arrivera après la mort, ce qui m'arrivera à moi après la mort. J'y ai beaucoup réfléchi après le décès de mon épouse. Je ne peux pas croire que j'ai vécu 62 ans de bonheur avec elle et que je ne la reverrai plus jamais. Ça c'est une chose que je ne peux pas comprendre. Je ne sais pas si je la retrouverai car personne n'est revenu pour nous dire ce qui arrive après la mort. C'est tout ce que je demande, retourner n'importe où au paradis ou dans un endroit inconnu, mais auprès d'elle.* » (♂, 86 ans)

D'autres répondants tentent de maîtriser leur inquiétude.

« *J'essaie de rester sereine en pensant à la mort. Je veux éviter la mélancolie qui est un piège, qui nous amène dans des brèches psychologiques, jusqu'à la maladie mentale.* » (♀, 82 ans)

Les deux prochains répondants ont plus de vingt ans d'écart et pourtant leur attitude face à la mort est assez semblable : la mort est inéluctable, alors vivons pendant qu'on est vivant.

« *C'est assez bizarre parce que, quand j'étais jeune, oui, la mort me faisait peur, mais maintenant que je vieillis, on dirait que je n'y pense plus. Je suis occupé à vivre ce qui me reste à vivre. Probablement que si j'apprenais que j'ai une maladie incurable, je réfléchirais autrement. Mais pour le moment, non, je n'y pense pas. J'essaie au contraire de profiter le plus possible de la vie. Pourquoi perdre son temps à avoir peur ? Je pars d'ici en vélo, je peux me faire frapper au coin de la rue. On ne sait pas ce qui peut arriver. Vivre, c'est s'exposer à la mort. »* (♦, 63 ans)

« Moi, j'ai pour mon dire que je peux mourir n'importe quand. Je ne serai jamais la première, je serai peut-être même la dernière puisque tous les amis de mon âge sont disparus. Je suis maintenant avec des gens de 62 ans ! » (♦, 86 ans)

La mort est inéluctable et parfois attendue.

« Je vais vous dire autre chose : la mort, c'est une délivrance quand on vieillit. À force d'en perdre un peu chaque jour, et on ne dit pas tout ce qu'on perd de peur de faire rire de soi, mais on en perd un peu chaque jour. Et puis il faut continuer de vivre tel qu'on est. » (♦, 85 ans)

Deux répondants ont évoqué l'euthanasie, ce qui est une autre preuve que les aînés sont bien ancrés dans la réalité et restent attentifs aux débats de société.

« Moi, je suis prête à mourir, mes enfants vont bien, mes petits-enfants aussi, tout le monde se débrouille plutôt bien, d'ailleurs. Alors si ça devait finir maintenant, je suis prête. Mais bien sûr, je n'y mettrai pas fin moi-même, je ne souffre pas. Je souhaite mourir avant de tomber malade. » (♦, 85 ans)

« Je serais en faveur de l'euthanasie pour ceux qui n'ont plus aucune chance, qui n'ont plus aucune qualité de vie. Une condition cependant : l'avis de trois médecins indépendants. Pas le médecin traitant. Le consentement des enfants aussi. Car c'est très dur pour les proches de veiller sur une personne qui n'a plus aucune chance de récupérer et qui n'est plus consciente. Qui est souffrante et qui fait souffrir ceux qui l'entourent et qui l'aiment. Je suis cependant prêt à entendre les arguments contraires mais, de moi-même, je ne les vois pas. » (♦, 86 ans)

CHAPITRE SIX

LA PAUVRETÉ

« J'AI L'IMPRESSION QUE LES GENS HABITUÉS À VIVRE AVEC PEU
SE DÉBROUILLENT MIEUX QUE CEUX QUI ONT TOUJOURS EU PLUS. »
(🛉, 68 ANS)

Les spécialistes ont imposé une définition de la pauvreté dans le Québec du XXIe siècle. Relativement aux revenus, on a établi des seuils de pauvreté, au-dessous desquels il devient difficile, sinon impossible, de consommer le nombre de calories nécessaires à une saine alimentation, de couvrir les coûts reliés aux soins de santé, de vivre dans un logement décent, d'avoir des activités sociales.

Vue par les aînés, la pauvreté peut cependant revêtir d'autres couleurs et avoir d'autres définitions. Ici, il ne s'agit plus de chiffres mais de perceptions teintées par les souvenirs, également de préjugés et parfois même de réalités qu'on conteste. Pour la moitié des personnes interviewées, la pauvreté n'est pas un concept ni une statistique pour elles qui ont vécu la Grande Dépression et connu les privations du temps de la guerre. *« C'est moins pire que dans le temps du Secours direct. Parce que le monde peut vivre mieux aujourd'hui avec les pensions de vieillesse, ce n'est pas la richesse, mais l'essentiel est assuré. »* (🛉, 80 ans)

Que recouvre l'expression «être pauvre» pour un aîné ? *« C'est de ne pas être capable de survivre correctement du premier au trentième jour de chaque mois. »* (🛉, 84 ans) C'est de ne pas pouvoir *« se payer* de billet d'autobus ni des médicaments, c'est manquer de nourriture ». (👤, 69 ans) « Il y a aussi ceux qui se trouvent pauvres quand ils sont obligés de prendre l'autobus pour se déplacer. » (👤, 72 ans)

C'est de ne pas avoir accès à l'essentiel. « La pauvreté pour moi serait de ne pas avoir accès aux choses de base, comme se nourrir, se loger, se laver et prendre soin de son corps. Quand on ne peut plus se payer cela, pour moi, c'est la vraie pauvreté. » (👤, 65)

Dans le quartier, beaucoup d'aînés connaissent des personnes âgées « pauvres, des gens qui vivent dans des logements trop vieux, des femmes seules dont le mari n'avait pas de pension ». (👤, 86 ans)

La principale cause de pauvreté

Le logement est, comme pour tous les pauvres, le principal souci des aînés. Dans le quartier, nombre de logements sont désuets, mal entretenus par les propriétaires, n'ont connu que des rénovations sommaires depuis leur construction, au début du XXe siècle. Et pourtant, il est extrêmement difficile de se loger pour moins de 500 $ par mois.

Parmi les répondants se trouvent quatre propriétaires. Cela semble peu, mais ce chiffre se situe dans la moyenne générale, Montréal ayant toujours été connue pour être une ville de locataires. Cependant, il faut aussi mentionner que la majorité de ceux qui vivent en logement habitent à la même adresse depuis de nombreuses années, ce qui contribue à maintenir leur loyer abordable, alors que d'autres habitent depuis plus récemment un HLM ou une coopérative d'habitation. Finalement, neuf aînés interviewés ont droit à une subvention de loyer à la Maison des aînés. On peut donc affirmer que les répondants, en dehors de toute concertation et à quelques exceptions près, ont en commun de ne pas avoir à se préoccuper outre mesure de cette question.

Car pour une grande majorité d'aînés, le loyer est le poste budgétaire le plus inquiétant, puisqu'ils n'ont aucun contrôle sur les augmentations annuelles. Les répondants déplorent la pénurie de logements sociaux et réclament des correctifs permettant de mieux équilibrer les dépenses des aînés.

« Je pense que, pour la majorité des aînés, le faible montant des pensions les oblige à déménager à leur retraite. Dans mon cas, le logement ne doit pas dépasser 500 $ car je n'arriverai pas. » (♀, 78 ans)

« La pension de vieillesse et son supplément permettent de vivre décemment quand on vit dans un logement social. » (♀, 63 ans)

« Si une personne n'a que les pensions, ce n'est pas suffisant pour maintenir son rythme de vie. Il lui faut déménager, ou alors travailler quelques jours par semaine. » (♀, 61 ans)

Une fois posée la question cruciale du logement, on ne peut pas évacuer le débat sur la difficile situation économique des femmes âgées qui, comme on le sait, sont les pauvres parmi les pauvres.

Pauvreté au féminin

Les femmes sont plus pauvres parce qu'elles sont plus nombreuses à vivre seules et parce qu'elles ont accumulé moins de richesses que les hommes. Les femmes âgées n'ont pas de fonds de retraite lorsqu'elles sont restées à la maison pour élever leurs enfants. Souvent, elles ont pris soin de leurs parents vieillissants, de leur mari malade. Quelques-unes d'entre elles ont pris des enfants en foyer nourricier pour joindre les deux bouts, mais cela ne les rend pas admissibles à une pension supplémentaire. La non-reconnaissance du travail domestique et du rôle de proche-aidant compte pour beaucoup dans la pauvreté des femmes âgées.

« Dans les faits, les femmes sont défavorisées. Par contre, le loyer est le même, le prix de la nourriture également. Il arrive aussi que les femmes séparées arrivent moins bien que les veuves. » (♀, 73 ans)

La valeur des pensions publiques

Paradoxalement, les aînés qui ont dû recourir à l'aide sociale et qui ont vécu des «passages à vide» économiques durant leur vie adulte apprécient davantage les bienfaits de la pension de vieillesse fédérale. C'est le fait surtout de ceux qui ne jouissent d'aucun autre revenu.

« *De façon générale, je me sens privilégiée, non pas que j'ai beaucoup d'argent, mais j'en ai davantage depuis que j'ai 65 ans, ce qui me facilite beaucoup la vie.* » (♀, 68 ans)

« *Moi-même je suis rendu à ma pension que je trouve très raisonnable* », commente un retraité habitant un HLM qui n'a pas de responsabilité familiale. (♂, 65 ans)

Cette répondante bénéficie d'un logement subventionné grâce auquel elle arrive à se débrouiller financièrement. « *Oui, j'arrive avec mes pensions, car je ne suis pas dépensière. J'ai 1 200 $ par mois et il m'en reste un peu.* » (♀, 66 ans)

« *Quand on reçoit seulement la pension et le supplément, c'est très difficile de se payer plus que l'absolu nécessaire. Heureusement que je sais me faire à manger à peu de frais.* » (♀, 82 ans)

Par contre, les aînés qui ont pu accumuler un fonds de retraite déplorent les règles fiscales qui viennent gruger leurs économies.

« *Les impôts sont trop élevés, les aînés devraient être exemptés. Les pensions seules ne sont pas suffisantes, ceux de la classe moyenne se font manger leur fonds de retraite par les impôts.* » (♀, 61 ans)

Une aînée reconnaît malgré tout des fondements de justice sociale au programme des pensions de vieillesse :

« *Je considère qu'il y a une certaine justice, dans le sens où une personne qui n'a jamais été salariée, qui n'a jamais eu de revenus, a quand même accès à la pension de vieillesse et au supplément de revenu garanti, ce qui équivaut souvent à un fonds de retraite de petits salariés. Dans ce sens, l'équité se fait entre la personne qui n'a pas eu de revenus et celle qui en a eu.* » (♀, 73 ans)

Si la pauvreté est un fait, la perception de la pauvreté est relative, comme l'explique un aîné qui a eu l'occasion de voyager hors du pays. Mais comment mesurer les besoins d'une personne âgée qui habite Hochelaga-Maisonneuve à ceux d'un citoyen de la République dominicaine ou du Mexique ? S'il est toujours intéressant de découvrir de nouvelles cultures, la comparaison entre des niveaux de vie ne vaut que si elle est basée sur le coût réel de la vie.

« J'ai voyagé dans les pays du Sud, et beaucoup de pays n'ont pas cette structure qui vient en aide à tout le monde. Je trouve qu'au Canada, au Québec, avec la pension de vieillesse, les soins de santé et tout ça, on est plus gâtés qu'ailleurs. » (♂, 65 ans)

La situation économique

Lorsque j'ai commencé les entrevues pour ce livre, on ne voyait pas encore le bout du tunnel de la crise financière. À l'époque, elle était le sujet d'inquiétude et de conversation.

Comment les gens âgés ont-ils réagi ? Ont-ils été touchés directement par les pertes des fonds de retraite ? Ont-ils craint que les gouvernements en arrivent à réduire les pensions ?

« Personnellement, la situation économique ne m'inquiète pas. Je ne crois pas que les gouvernements iront jusqu'à baisser les pensions de vieillesse. » (♂, 86 ans)

« Pour le moment, je n'ai pas d'inquiétudes financières, mais je comprends à quel point ça doit être difficile pour quantité d'aînés. » (♀, 73 ans)

« Moi je me trouve très choyé. Comme je suis un ancien fonctionnaire, j'ai une pension qui me met à l'abri. Je me considère comme très chanceux. » (♂, 63 ans)

« La récession n'a rien changé pour moi jusqu'ici. Ma crainte principale, c'est de tomber malade et d'avoir à payer des médicaments ou des traitements très dispendieux. » (♂, 76 ans)

« Je ne sais pas si la crise touchera particulièrement la retraite des personnes âgées, mais je sais qu'elle touchera tout le monde, car nous sommes tous des consommateurs. » (🚹, 65 ans)

Les pauvres aînés

Et pourtant, dans le quartier, personne ne peut nier qu'il y a plusieurs personnes âgées qui vivent pauvrement. En souffre-t-on moins parce qu'on n'a pas connu autre chose ? Bien sûr que non, mais la pauvreté a plusieurs visages et on s'attarde souvent à son aspect le plus visible.

« Quel genre de pauvreté ? La pire, c'est l'ignorance. » (🚺, 68 ans)

Il est vrai que le monde moderne exige que les citoyens soient capables d'assimiler les changements et d'intégrer les innovations. Il leur faut aussi composer avec les multiples formulaires à remplir et les instructions à comprendre pour avoir accès à des programmes conçus pour améliorer leur situation. Or, ces outils sophistiqués peuvent rater leur cible lorsque le public à qui ils s'adressent n'a pas le niveau d'instruction nécessaire pour bien les comprendre et s'en servir.

« Les facteurs "instruction" et "expériences de vie" sont importants pour profiter des programmes gouvernementaux. Ceux qui n'ont pas les connaissances de base suffisantes pour se démêler avec tous les programmes d'aide sont plus susceptibles de rester pauvres. Ils sont privés de sources de revenus qui ont été créées pour eux. » (🚺, 73 ans)

Une répondante déplore le peu de débrouillardise de beaucoup d'aînés qui, selon elle, *« n'arrivent jamais à obtenir ce dont ils ont besoin ». (🚺, 71 ans)* Mais s'agit-il bien d'habileté ou n'a-t-on pas plutôt affaire à la honte de ne pas bien lire, à la crainte de ne pas bien comprendre les explications des fonctionnaires, à la gêne maladive de s'adresser à des inconnus ? Il est vrai que plusieurs aînés y ayant droit ne réclament pas le supplément de revenu garanti, mais comment revendiquer quelque chose qu'on ignore ?

La compassion

Quand un aîné parle des aînés, il se réfère évidemment aux gens de sa génération qu'il a connus. Certains répondants sont sans pitié pour des comportements qu'ils jugent totalement inacceptables. Ils évitent cependant de généraliser et on comprend qu'ils ont en tête des cas précis. « *Certaines personnes ne sont pas pauvres, elles ont de l'argent, mais refusent de le sortir.* » (🛉, 80 ans)

« *Je connais des personnes âgées qui sont incapables de sortir de leur environnement de pauvreté même quand elles le pourraient. Elles ont toujours vécu pauvrement et ne peuvent pas s'habituer à un minimum de confort.* » (🛉, 63 ans)

Ceux qui n'ont pas vécu la « misère noire » manifestent plus de compassion à l'endroit des personnes âgées qui vivent au seuil de la pauvreté.

« *Est-ce que les aînés n'auraient pas droit aussi de vieillir sans pauvreté?* » (🛉, 69 ans)

« *En général, les personnes âgées sont plus inquiètes que les plus jeunes. Elles ne peuvent pas dire comme eux: "Je vais changer d'emploi", quand elles n'arrivent plus avec la pension. De plus, certaines personnes doivent aider leurs enfants et leurs petits-enfants, même avec une faible pension.* » (🛉, 73 ans)

Des pistes de solution

Comme la plupart des citoyens, les répondants s'en remettent aux décideurs et intervenants publics pour régler le problème de la pauvreté. Cependant, quelques personnes font des recommandations pour agir dans l'immédiat sur les facteurs qui maintiennent les aînés dans la pauvreté.

« *Mes critiques ne s'adressent pas aux pauvres mais aux causes de la pauvreté, comme le crédit facile et les dernières innovations qui s'adressent aux baby-boomers.* » (🛉, 86 ans)

« Il n'est peut-être pas nécessaire de hausser les montants des pensions, mais il faudrait contrôler le coût des loyers. Les résidences pour aînés sont très chères, les logements aussi. » (♀, 61 ans)

Souvenirs de pauvreté

Comme celui qui a connu la famine ne sera jamais rassasié, la pauvreté et ses effets peuvent laisser des marques indélébiles. Cependant, nombreux sont ceux qui se sont relevés des difficultés économiques de l'époque et se sont développés avec le Québec. Ceux-là profitent maintenant d'une vieillesse sereine. Mais ils n'ont pas oublié la misère vécue pour autant, même quand ils n'en gardent aucune amertume. Au contraire, ces souvenirs douloureux peuvent être source de fierté et de réconfort.

« La pauvreté, je l'ai vécue pendant plusieurs années. Après mon opération, je me suis retrouvée en difficulté. J'ai été obligée de demander le bien-être social. J'avais donc 500 $ par mois pour vivre. » (♀, 85 ans)

« Moi, je me souviens de la misère de mon enfance. Quand je pense qu'à 9 ou 10 ans je faisais vivre ma famille… J'ai voulu améliorer notre situation dès que j'en ai été capable. Je connaissais la misère et j'avais choisi de ne pas y rester. J'ai réussi assez rapidement à me tirer d'affaire et je peux dire que, sans être riche, je vis maintenant confortablement. » (♂, 72 ans)

« J'ai connu la pauvreté étant enfant. On avait le strict minimum. On vivait beaucoup de la charité publique, mais je ne le savais pas, je ne me sentais pas différent, car tout le monde autour de nous vivait de la même façon. » (♂, 76 ans)

« La pauvreté, je l'ai connue quand j'étais jeune. Ma mère travaillait pour nous nourrir. Mon père nous avait quittés. J'ai dû lâcher l'école à 14 ans pour travailler. » (♂, 78 ans)

« La pauvreté, je l'ai bien connue aussi, avec le mari que j'avais. Il se servait le premier, tout lui appartenait. Mais grâce à Dieu, j'ai toujours

LA PAUVRETÉ • 87

passé à travers, j'ai toujours su m'organiser pour ne pas manquer de l'essentiel. » (♀, 66 ans)

♡♡♡ « OUI, J'AI DÉJÀ CONNU LA PAUVRETÉ, ET CE QUI M'A FAIT LE PLUS PLAISIR EN ARRIVANT ICI, À LA MAISON DES AÎNÉS, C'EST D'AVOIR UN THERMOSTAT POUR RÉGLER LA CHALEUR DANS MA SALLE DE BAINS. AU MOINS À TROIS REPRISES DANS MA VIE, NOUS AVONS MANQUÉ DE NOURRITURE POUR LES ENFANTS. MES DEUX DERNIÈRES ONT ÉTÉ HABILLÉES POUR LA PREMIÈRE COM-MUNION PAR DES GENS QUE JE NE CONNAISSAIS PAS. J'AI REÇU DES BOÎTES DE LINGE, DES BOÎTES DE NOURRITURE DE GENS DE LA PAROISSE. LES ENFANTS AUSSI ÉTAIENT CONSCIENTS DE NOTRE PAUVRETÉ. ON A TRAVERSÉ ÇA ENSEMBLE. MAIN-TENANT, ILS SONT BIEN ÉTABLIS ET MOI JE SUIS HEUREUSE DANS MON PETIT LOGEMENT. DE LES SAVOIR HEUREUX ET BIEN ÉQUIPÉS POUR LA VIE, C'EST MA VICTOIRE. » (♀, 84 ANS) ♡♡♡

CHAPITRE SEPT

LES CHANGEMENTS TECHNOLOGIQUES

« QUAND LES GUICHETS AUTOMATIQUES ONT FAIT LEUR APPARITION,
J'Y ALLAIS PRESQUE TOUS LES JOURS POUR VOIR FONCTIONNER
CETTE MACHINE QUI M'IMPRESSIONNAIT. »
(🧍, 63 ANS)

Le xxᵉ siècle a été, sans contredit, le siècle des grands bouleversements. Il n'y a qu'à se rappeler les deux guerres mondiales, le processus de décolonisation, les nombreuses révolutions, la chaîne de montage, la conquête de l'espace pour se convaincre que le monde a évolué à toute vitesse au cours du siècle dernier.

Les 32 aînés interviewés sont nés entre 1919 et 1948. Comme ils sont presque tous urbains, on peut donc dire qu'ils ont vécu des transformations majeures en tant que travailleurs et citoyens résidant dans un quartier ouvrier. Ils ont connu la période de gloire de la grande industrie et ont assisté à son déclin rapide. Comment ont-ils composé avec les changements et les innovations ?

« Dans ma vie, ces progrès technologiques sont un plus. Moi, j'ai vu arriver le crayon à bille, qui a remplacé la plume obligatoire de la petite école. Je trouve que ces progrès sont merveilleux. » (🧍, 73 ans)

Les aînés sont généralement ouverts au changement qu'ils acceptent positivement dans leur quotidien.

« Toutes les innovations sont bonnes, mais elles doivent être utilisées à bon escient. » (🚹, *86 ans*)

Cette appréciation est reprise par un autre répondant de vingt ans son cadet.

« La technologie et toutes les innovations qu'elle a apportées, c'est comme n'importe quoi dans la vie. Tout est bon quand cela sert l'être humain et son développement. Ce qui n'est pas correct, c'est plutôt comment on s'en sert. » (🚹, *65 ans*)

« Le numérique, ça fait du nouveau, du changement. J'aime la nouveauté. Il faut évoluer. » (🚺, *71 ans*)

Ceux qui n'ont pas d'opinion claire sur le sujet évitent quand même de rejeter en bloc les changements technologiques.

« C'est une grosse amélioration, car avec cette technologie les gens travaillent plus vite. J'entends parler mes filles et mes petits-enfants et je pense que c'est une bonne chose, même s'il y a plusieurs aspects qui me sont complètement inconnus. » (🚺, *71 ans*)

D'autres apprécient les améliorations que certaines innovations ont permis d'apporter à la taille et au poids des appareils électroniques. *« La nouvelle technologie, je suis d'accord avec ça. Les formats sont plus petits. »* (🚺, *71 ans*)

« Quand la modernisation vise à mieux servir les gens, avec des formats plus petits, plus faciles à utiliser, je suis d'accord. » (🚺, *85 ans*)

Quel que soit leur âge, les répondants sont d'avis que la nouvelle technologie s'adresse d'abord aux jeunes, principaux consommateurs de gadgets électroniques. C'est un état de fait qui ne suscite cependant aucune nostalgie chez eux et ils admettent courageusement que *« oui, c'est plus difficile d'apprendre quand on est vieux »*. (🚹, *78 ans*)

« Cela rend probablement la vie plus facile aux jeunes, mais les personnes âgées ne sont pas toutes du même calibre et ça peut être très difficile pour elles. » (🚹, *86 ans*)

« Les innovations technologiques sont un plus pour les jeunes, mais rendu à un certain âge, c'est moins important. » (🚺, *61 ans*)

« *De façon générale, tous ces changements sont positifs. C'est l'ave-nir, on ne peut plus rien arrêter... Peut-être que si j'avais 10 ou 15 ans de plus, je ne parlerais pas ainsi.* » (🚹, 63 ans)

Toutefois, les technologies nouvelles soulèvent aussi des réserves chez quelques-uns, et elles ont même des détracteurs. Les bienfaits promis sont-ils universels, visent-ils l'ensemble de la société?, se demande-t-on.

Il n'y a qu'à penser aux informations et aux formulaires que les citoyens sont priés de se procurer directement sur les sites Internet des ministères et autres institutions, aux transactions ban-caires et aux achats en ligne rendus possibles. Pour répondre aux invitations du domaine virtuel, il faut non seulement maîtriser et bien comprendre la langue française, mais aussi avoir apprivoisé minimalement la technologie informatique. Que doivent faire tous les autres?

« *Il faut savoir lire et comprendre ce qu'on lit. Ceux qui ont des problèmes à ce niveau auront certainement des problèmes dans leur vie quotidienne, surtout dans le monde du travail.* » (🚺, 73 ans)

Une aînée s'insurge devant les effets directs des innovations sur la vie des consommateurs. Elle donne l'exemple de sa démarche pour acheter un téléviseur qui ne nécessiterait pas le branchement du câble. On lui a fait comprendre que ce n'était plus possible. «*Je crois que c'est plus pour le commerce. Il faut toujours consommer, changer de modèles pour profiter des services élémentaires. On n'a plus le choix.* » (🚺, 71 ans)

L'ordinateur

Comment se situent les aînés face à la dernière génération de changements technologiques, celle des communications? Eux qui ont dû faire preuve d'adaptation toute leur vie baissent-ils les bras devant le cyberespace révélé par Internet ou tentent-ils de se maintenir dans le courant des découvertes ? Méritent-ils la réputation de « dinosaures » que leur accolent certains cracks de l'informatique ?

Plusieurs répondants disent se servir de l'ordinateur pour écrire leurs mémoires, pour faire des recherches sur Internet, pour communiquer avec leurs familles et leurs amis, et même pour se distraire avec les jeux. Une répondante n'a que de bons mots pour le courrier électronique. « *Le courriel a rapproché les membres de ma famille, a aidé à créer ou à consolider les liens. Cela avantage aussi les personnes gênées. Cela permet de contourner la peur de déranger.* » (♀, 61 ans)

Un aîné a suivi des cours d'informatique au CCSE, après avoir reçu de son fils un ordinateur usagé. Il a eu la piqûre et, après avoir modernisé son équipement informatique, il l'utilise abondamment comme source de renseignements.

« *Je trouve des numéros de téléphone, des horaires d'autobus. Avant de partir en voyage, je regarde ce qui se passe là où on va. Quand on reçoit de nouvelles prescriptions, on s'informe sur la maladie qu'on veut prévenir, sur les effets secondaires du médicament ou ses contre-indications. Plusieurs sites parlent de santé et de maladies, de médicaments. Pour les nouvelles, Internet est plus vite que la télé ou les journaux.* » (♂, 78 ans)

Selon leur propre évaluation, certains se débrouillent assez bien avec l'ordinateur.

« *Je ne peux pas dire que je suis un adepte de l'ordinateur, mais je me débrouille et je tiens à rester branché, car sur Internet on trouve tellement de choses, c'est une source d'informations sans fin.* » (♂, 63 ans)

La doyenne du groupe m'a avoué être friande de nouveaux apprentissages. Elle dit qu'elle a toujours aimé suivre des cours, depuis qu'elle est toute petite. « *Je suis tentée par les cours d'ordinateur qui se donnent dans la Maison, mais là j'hésite, je me trouve un peu vieille.* » (♀, 90 ans)

Une dame plus jeune ne peut, quant à elle, contenir son enthousiasme pour l'informatique qu'elle est en train de découvrir.

« Je prends des cours d'ordinateur et je compte bien m'en acheter un dès que j'aurai fini. Je correspondrai avec ma nièce aux États-Unis, je ferai des recherches sur Google. Il n'y a plus de fin quand on commence avec ça. » (♀, 71 ans)

Les avantages offerts par Internet en éducation sont reconnus même par ceux qui ne le maîtrisent pas. « Tout le monde devrait avoir Internet et savoir s'en servir. Partout en province, à l'école. » (♀, 71 ans)

L'autre moitié du groupe a exprimé de fortes réticences vis-à-vis de l'informatique, et ce, pour une variété de motifs.

Viennent d'abord ceux qui se méfient d'eux-mêmes. « Je n'ai pas Internet à la maison, car je me connais, je suis un peu maniaque de l'information et je passerais mes journées à l'ordinateur. Je ne ferais plus ni marche ni bicyclette, et je ne veux pas ça. » (♂, 73 ans)

Ensuite il y a ceux (ou plutôt celles) qui hésitent, qui ne se font pas confiance pour apprendre mais qui aimeraient bien maîtriser l'informatique. « Peut-être que je ne suis pas assez patiente et je n'y consacre pas assez de temps. Espaces 50+ m'a proposé des cours auxquels je m'inscrirai probablement, car j'aimerais être plus à l'aise à l'ordinateur. » (♀, 71 ans)

« Quand je faisais davantage de bénévolat, l'ordinateur se répandait et je pense que cela m'aurait été profitable. J'aurais pu suivre des cours et m'y mettre. Cela aurait facilité mon travail. C'est plus vite, cela nécessite moins de paperasse et facilite l'archivage. » (♀, 71 ans)

D'autres déclarent ne ressentir aucune curiosité, aucune attirance envers l'informatique. Ces personnes continuent de privilégier les méthodes anciennes avec lesquelles elles se sentent plus à l'aise.

« Moi, j'ai un peu mis à l'index les changements technologiques. Je n'ai pas d'ordinateur, je ne sais pas dactylographier. Je ne suis pas du tout attirée par ça. Je paye pour faire imprimer mes photos, pour mes impressions d'ordinateur, et pourtant je n'ai pas du tout envie d'apprendre à le faire moi-même. Je vois ça tellement compliqué. Ici, même au Chic

Resto Pop, on a donné des cours gratuitement et je ne suis pas venue. Cela ne m'attire pas du tout. » (♀, 69 ans)

Une dame s'occupe bénévolement de l'administration de l'organisme dont elle est présidente. Elle programme elle-même ses appareils et ses gadgets électroniques à la maison, le numérique n'a pas beaucoup de secrets pour elle. Mais elle reste attachée à ses méthodes de travail.

« Pour moi, j'ai trop de choses à faire pour perdre mon temps devant l'ordinateur. Je continue de travailler à l'ancienne mode car c'est plus rapide pour moi. Je fais donc l'administration et la comptabilité de l'ASTA à la main. Faut rester un peu à l'ancienne. C'était le meilleur temps ! » (♀, 80 ans)

Dommages collatéraux

Les quelques effets négatifs qui ont été soulevés concernent davantage les relations humaines que les performances technologiques. Peut-on parler des effets pervers de la révolution informatique ?

« Aujourd'hui, avec les courriels et les messageries, les gens ne communiquent plus en profondeur. J'aime mieux prendre le téléphone. » (♀, 73 ans)

« On dit qu'on est à l'ère des communications, mais il me semble qu'on se parle de moins en moins de personne à personne. Trop de machines. On peut échanger avec une personne au Japon, mais est-ce qu'on se connaît mieux ? Est-ce qu'on se parle vraiment ? » (♀, 68 ans)

« Par exemple, Internet est très bon, mais ça peut donner lieu à toutes sortes de mauvaises surprises par le contact personnalisé. Parfois sans le savoir on peut commander un programme qui est payant et on ne l'apprend que lorsqu'on reçoit le compte à la maison. On peut avoir accepté un contrat sans trop le savoir et sans l'avoir compris. Cela est très difficile pour les consommateurs. » (♂, 86 ans)

Cette aînée artiste a vécu de sa plume et ensuite de ses créations en céramique. Elle connaît le prix de la production artistique et déplore le pillage des œuvres originales que permet l'accès incontrôlé à Internet.

« Cela conditionne tellement le regard, je le constate chez les jeunes de ma famille. Ils n'ont aucune idée de la gratuité que représente le copier-coller. On prend, on jette, dans une espèce d'inconséquence. Je les invitais à au moins donner la référence, mais sans succès. Certains jeunes ignorent même le mot "plagiat". » (♀, 82 ans)

Les électroménagers et autres appareils audiovisuels

Parmi les changements technologiques qui affectent la vie quotidienne, il y a donc l'ordinateur personnel et… tout le reste ! Le numérique a rendu les appareils électroménagers savants et presque autonomes. À la condition de savoir les programmer, ce qui n'est pas à la portée de tous, comme l'explique une dame : *« Savoir allumer un four électronique, c'est impossible pour des aînés qui ne sont pas rompus à la lecture des livrets d'instructions des fabricants. »* (♀, 71 ans) Mais *« c'est plus facile qu'on pense »*, affirme une autre dame de 79 ans qui vient de changer tous ses gros appareils ménagers.

Il semble que la facilité à programmer des appareils électroniques relève plus d'une disposition personnelle que de l'âge ou du genre des répondants. Comme on dit, certains l'ont plus que d'autres.

« J'ai un MP3, j'ai installé le lecteur de DVD, j'ai programmé mon cellulaire qui prend des photos. C'est moi qui lis les instructions et j'apprends à m'en servir. » (♀, 80 ans)

« J'apprends vite comment utiliser les nouveaux appareils et leurs fonctions. J'ai le sens de l'observation et une bonne mémoire. » (♀, 66 ans)

« Je peux lire les instructions et programmer mes nouveaux appareils. Je saisis bien le langage, je suis bien adaptée. Je fais mes affaires au guichet automatique. » (♀, 68 ans)

« Je n'ai pas de problème à lire les cahiers d'instructions des nouveaux appareils. » (🚹, 78 ans)

Plusieurs aînés gardent peut-être en mémoire leur première cuisinière électrique qui a duré 30 ans, alors que la production plus récente est désuète après seulement 10 ans. Et encore, il faut apprendre son langage !

Si quelques-uns sont désireux de maîtriser le fonctionnement de nouveaux appareils, d'autres manifestent une certaine irritation devant la prolifération de modèles et de gadgets toujours améliorés.

« Mes enfants me gâtent et me donnent toutes sortes de trucs électroniques qui fonctionnent avec des manettes. Ça fait beaucoup de télécommandes à manier. Je finis par me tanner d'apprendre et de réapprendre, mais je le fais malgré tout. Ce qui est décourageant, c'est que cela change tout le temps, et quand on a besoin de nouvelles pièces, on est obligés de changer l'appareil. » (🚺, 85 ans)

« J'ai bien composé avec les changements, mais dans les dernières années, je n'ai rien eu de nouveau. » (🚺, 84 ans)

« La seule chose que je contrôle est le téléphone, et encore ! Je ne voudrais pas en avoir un nouveau pour devoir recommencer à l'apprendre. » (🚺, 69 ans)

« Je peux apprendre le fonctionnement d'un appareil, mais je ne veux pas recommencer à chaque nouvelle version. J'ai une limite, ça fait trop de manettes, ma tête n'est pas un ordinateur. » (🚺, 61 ans)

Pour les aînés (comme pour la plupart des gens), la difficulté à apprivoiser les nouveaux appareils de toutes sortes tient pour beaucoup dans le mode d'emploi. *« Oui, pour être honnête, je dois dire que j'ai parfois du mal à lire et à comprendre les instructions. » (🚹, 63 ans)*

« J'ai du mal à lire les instructions, car je suis pratique et je veux savoir comment l'utiliser, alors que les livrets d'instructions sont longs et complexes et, en bout de ligne, ils ne me renseignent pas. » (🚺, 63 ans)

Aussi, tous les répondants qui ont la chance d'avoir leurs enfants ou leurs petits-enfants à proximité les appellent à leur secours et se font expliquer ce qu'ils n'arrivent pas à déchiffrer. *« Quand j'achète un appareil numérique, ce sont mes petites-filles qui viennent le mettre en marche et m'apprendre comment cela fonctionne. »* (♀, 73 ans)

Mais ce n'est pas toujours aussi simple, comme le raconte ce grand-père.

« J'ai toujours autour de moi mes enfants ou mes petits-enfants qui viennent m'expliquer comment cela fonctionne. Mais dans tous les cas, ils doivent me le montrer et faire une démonstration devant moi, car les informations verbales ne suffisent pas. Et moi-même je dois le répéter plusieurs fois devant la personne qui m'enseigne. » (♂, 86 ans)

Un bénévole, qui ne peut compter sur sa famille, prend conseil auprès des jeunes qu'il côtoie sur son lieu de bénévolat quand il rencontre une difficulté avec les nouveaux gadgets, MP3 et compagnie. D'après lui, devoir demander de l'aide, surtout à des jeunes, facilite les relations et bénéficie aux deux parties.

« Il m'arrive évidemment de me sentir déphasé face aux jeunes quand je ne sais pas utiliser un nouvel appareil ou un nouveau gadget, mais je ne m'en fais pas trop. Au contraire : je leur demande de m'aider et ça leur fait très plaisir. Pour une fois qu'ils ont quelque chose à montrer aux aînés, c'est un domaine où les jeunes peuvent aisément aider les vieux. » (♂, 65 ans)

Un autre domaine qui a été révolutionné par la technologie est celui des banques. Un jeune retraité raconte son émerveillement devant le guichet automatique : *« Quand les guichets automatiques ont fait leur apparition, j'y allais presque tous les jours pour voir fonctionner cette machine qui m'impressionnait. »* (♂, 63 ans)

Par ailleurs, quelques répondantes ont souligné le désarroi qu'a créé chez leur mère âgée l'apparition des transactions bancaires informatisées.

« Pour ma mère, cela a été plus difficile, car aller payer ses comptes à la banque constituait sa petite routine. Elle a trouvé ce changement

pénible. Les gens âgés aiment toujours avoir un échange avec la personne qui s'occupe d'eux à la banque. C'est plus humain. » (♀, 63 ans)

Étrangement, les répondants n'ont pas fait allusion aux avancées technologiques dans le domaine de la santé. Et pourtant il est indéniable qu'elles ont considérablement amélioré la vie des aînés en leur permettant de suivre l'évolution de leur maladie (mesure de la glycémie et de la pression artérielle) et de réduire les défaillances causées par l'âge (appareils auditifs, respiratoires, fauteuils motorisés).

Mais au fond, l'intérêt était de connaître le degré d'ouverture des aînés aux technologies nouvelles qui envahissent notre quotidien. Il semble que, au moins pour les répondants, les appareils et gadgets dernier cri sont une autre occasion de contact avec les générations plus jeunes. On peut donc dire que la plupart ont passé le test du numérique !

CHAPITRE HUIT

LES RELATIONS INTERGÉNÉRATIONNELLES

« MON IDENTITÉ REPOSAIT SUR DES DONNÉES QUI N'EXISTENT PLUS.
JE N'AI PAS DE MODÈLE DANS MA RECHERCHE D'IDENTITÉ
ET PAS DE MODÈLE NON PLUS À TRANSMETTRE. »
(♀, 86 ANS)

Cette réflexion résume la distance qui existe entre les générations, telle qu'elle est ressentie par plusieurs personnes âgées. Cette difficulté à transmettre et à recevoir des modèles expliquerait-elle l'écart entre les différents groupes d'âge ? Serait-elle la cause du cloisonnement et du repli sur soi de chaque génération ? Il faut bien admettre que les modèles vieillissent presque plus vite que la génération qui les développe.

Pourtant, quoiqu'on en dise, les modèles traditionnels ont toujours leur place dans l'imaginaire de plusieurs jeunes. Ils jouent encore un rôle dans la stimulation et parfois l'orientation chez ceux qui ont la chance de côtoyer des aînés.

« On nous a un jour demandé de parler de sexualité dans une classe de jeunes de 18 à 20 ans, au cégep Maisonneuve. Après le cours, une jeune fille a couru derrière ma femme pour lui dire : "Je voudrais être une grand-mère comme vous." » (♀, 86 ans)

Les relations intergénérationnelles sont essentielles pour la sauvegarde du passé, l'harmonie du présent et le devoir de l'avenir.

Toutes les personnes interviewées n'ont cependant pas la même préoccupation pour les relations entre les générations, ni ne ressentent la même inquiétude devant le fossé qui les sépare.

Est-ce la faute au marché qui règle les modes, aux chartes qui gèrent les droits de la personne, aux technologies de la communication, à l'éducation réformée ou à la culture éclatée? Toujours est-il que plusieurs aînés ne se reconnaissent plus dans les jeunes générations et, faute de les comprendre, évitent les occasions de les rencontrer. D'une certaine façon, ils baissent les bras et même s'en lavent les mains. « *Ils feront leur vie. On a fait la nôtre, qu'ils fassent la leur. Cela ne me regarde plus.* » (♟, 71 ans)

« *C'est leur vie et moi je ne me mêle pas de la façon dont mes enfants élèvent les leurs.* » (♟, 80 ans)

« *Je les laisse vivre, je n'ai pas de problème avec eux. J'ai fait mon temps, ils font le leur.* » (♟, 79 ans)

Ces remarques sont-elles une manifestation de tolérance vis-à-vis des générations plus jeunes? Ne dénotent-elles pas de l'indifférence? Seraient-elles plutôt le fait d'une grande confiance dans la capacité des jeunes à se bâtir un avenir? Probablement un peu de tout cela.

On pourrait cependant penser que ces commentaires sont faits par des personnes sans enfant, alors qu'il n'en est rien. Avoir des enfants et des petits-enfants peut ne rien changer à cette attitude. Au contraire, les parents âgés sont souvent partagés entre le désir d'intervenir et le respect du foyer de leurs enfants. Une ambivalence qui les paralyse et les garde silencieux.

Il appert par ailleurs que les relations entre générations se vivent essentiellement au sein des familles. Car il y a encore des familles qui s'entraident, qui se préoccupent de leurs aînés et qui ont plaisir à se retrouver. Faut-il, pour maintenir les liens, miser justement sur la multiplicité des fils qui les tissent plutôt que sur la pérennité d'un modèle unique? Les aînés sont soumis à des pressions que les générations précédentes ont plus rarement connues, avec la diversité des modèles familiaux générée par des unions de courte durée. Leurs enfants et petits-enfants ne représentent pas tous un portrait de famille traditionnelle. Mais la famille subsiste et continue d'être la cellule privilégiée.

« *Je ne dirais pas que la société est tellement compartimentée, car je vois que la famille reste très présente et demeure la base de notre société. Elle est une valeur dominante. Elle ne fonctionne plus comme avant – les familles peuvent être reconstituées, monoparentales – mais ça reste des familles.* » (♀, 71 ans)

Un répondant raconte les relations existantes dans sa propre famille :

« *Chez nous, la famille est encore nombreuse, on se réunit assez régulièrement. Moi, je réserve la salle de la résidence pour nos rencontres familiales. On se mélange beaucoup avec mes sœurs, mes frères, ma fille, mes neveux, mes nièces et leurs conjoints. J'aime aussi beaucoup parler avec mes neveux, mes nièces, on échange sur toutes sortes de choses, moi j'aime ça parce qu'ils peuvent nous apporter beaucoup.* » (♂, 73 ans)

Cependant, c'est un fait que la famille moyenne est maintenant moins nombreuse qu'il y a 50 ans. Aussi, lorsque les relations se relâchent, que les réunions familiales s'espacent, les aînés perdent des possibilités d'échanges avec les générations suivantes. Et peu à peu ils s'éloignent d'une réalité qui change de plus en plus vite, ils ne peuvent plus compter sur les jeunes pour leur expliquer le nouveau gadget électronique ou les initier aux nouvelles tendances musicales ou littéraires. À qui confier alors leurs souvenirs, à qui raconter leurs expériences ? Ils n'ont plus d'auditoire pour rire des anecdotes qui remontent à leur mémoire. Que doivent-ils transmettre, d'ailleurs ? Et comment le faire ?

Une octogénaire sans enfant a entamé un projet de recherche sur ses origines familiales avec des neveux de 30 et 60 ans. Elle sent, sinon un malaise, du moins un écart entre eux et elle. Pourtant, leurs échanges sont pleins de respect et d'affection.

« *Que doit-on transmettre ? Comment s'immiscer dans leur quoti-dien et dans leurs interactions ? Je me sens en dehors de leurs goûts artistiques. Moi, je vis la différence, mais pas eux, car ils sont plus nombreux et je suis seule de ma génération.*

« *Comment leur faire sentir que j'ai quelque chose à leur donner ? Je ne sens pas qu'ils attendent quelque chose de moi. Ils sont contents d'être là, ils me prêtent beaucoup d'attention. Ce qui m'inquiète, ce que je me demande, c'est si quelque chose passe de moi à eux. Ne serait-ce que par l'amour.*

« *Moi, j'ai été formée en recevant un enseignement, eux ont reçu une autre éducation. Je dois m'introduire dans leur interaction, tout en restant moi-même, sans me mentir. Je me demande aussi ce que ma génération a transmis aux générations suivantes. J'étais à la recherche de ma propre identité et il y a eu une mutation tellement profonde.* » (♀, 86 ans)

Un code nouveau

En opposant, même inconsciemment, les mots «enseignement» et «éducation», la table est mise pour débattre du fossé qui sépare les générations plutôt que pour décrire les relations qui les unissent. De passif à actif, de sujet à acteur, l'enfant a changé de rôle dans sa formation, et c'est tout son comportement dans la vie qui s'en ressent. Sa façon d'aborder l'adulte ne ressemble en rien à celle qui prévalait chez les personnes de plus de 65 ans. Et parce qu'il en est la première manifestation, le tutoiement peut être perçu comme une agression.

C'est ce que déplore un couple de grands-parents. « *Les enfants tutoient leurs parents et les appellent par leurs prénoms. Mes petits-enfants nous tutoient alors que nos enfants nous vouvoient. Les parents endurent trop et sont trop tolérants. L'ami de ma petite-fille appelle ses parents par leurs prénoms et les tutoie comme s'ils étaient de son âge. Alors qu'ils peuvent avoir 40 ans d'écart.* » Et de conclure :

« On finit par s'habituer… à condition que le respect existe. » (♀, 80 ans ; ♂, 81 ans)

Une dame pourtant du même âge trouve au contraire réconfortant l'égalité de ton dans ses rapports avec les jeunes. Elle raconte une expérience récente :

« J'ai eu l'occasion de rencontrer des jeunes dans la vingtaine dans le cadre du projet Les petits mots doux et j'ai trouvé qu'ils étaient tellement gentils avec les aînés. Je trouve même que c'est mieux que dans mon temps. Lorsque j'étais jeune, je ne serais jamais allée parler avec une personne de 80 ans, ni de 70 ans d'ailleurs. J'aurais été extrêmement gênée. Mais aujourd'hui les jeunes ne sont pas intimidés par les vieux, ils nous parlent comme à du monde, ils nous tutoient même, alors on se sent sur le même pied qu'eux. On n'est pas des extraterrestres pour eux. » (♀, 85 ans)

Elle fait référence à Les petits mots doux, une activité de correspondance entre jeunes raccrocheurs et aînés qui s'est déroulée à l'hiver 2009. Initiative de la Commission scolaire de Montréal, de la Concertation jeunesse d'Hochelaga-Maisonneuve et de la Maison des aînés, ce projet avait pour objectif de favoriser la persévérance scolaire chez des jeunes inscrits à la formation professionnelle pour adultes, tout en promouvant l'action directe d'aînés comme agents de motivation. Ce dialogue écrit entre générations a été une révélation pour les deux parties.

Pour plusieurs participants aînés, le projet a permis d'approcher des jeunes et d'apprivoiser ainsi leurs propres appréhensions à leur endroit. Qui plus est, il a été l'occasion de s'exposer aux divers accents et de découvrir les similitudes socioculturelles que vivent des jeunes Montréalais issus de l'immigration. Tous ont souhaité une poursuite de Les petits mots doux ou une activité semblable qui favorise les relations avec des jeunes autres que ceux de leur propre famille.

Une autre différence, peut-être plus fondamentale que le tutoiement, réside dans la notion même de relation, d'échange. On dit que les jeunes sont individualistes, mais le sont-ils vraiment davantage que leurs parents ? Serait-ce possible qu'ils soient seulement plus détachés quand ils donnent ?

Une nouvelle retraitée reconnaît que le calcul prédominait dans sa génération. *« Je suis de la génération où on donnait en attente de retour. Faut pas faire cela, on risque d'être déçu. Il faut donner sans condition. On peut arrêter de donner si cela encourage le mal, mais sans condition. »* (♀, 61 ans)

C'est aussi ce qu'a observé une dame plus âgée. *« Dans une relation, il y a toujours des conditions. Nous avons été habitués au donnant-donnant, à l'échange. Eux donnent, inconditionnellement. »* (♀, 86 ans)

Les préjugés et les perceptions erronées qu'entretiennent les générations les unes envers les autres ont été largement documentés dans différents rapports de recherche sur le sujet. Pour les répondants, parler de leurs rapports avec les jeunes, c'est d'abord se référer à leurs enfants et petits-enfants. Peu d'entre eux ont des relations avec des personnes d'autres générations en dehors de leur famille. Ils ne sont plus sur le marché du travail et leurs activités de loisirs et de bénévolat les gardent le plus souvent en compagnie de gens de leur âge.

Quel regard les personnes âgées jettent-elles sur les générations appelées à diriger le pays et la société ? Les opinions fournies sont assez générales, et bien qu'elles semblent prendre en compte certains problèmes actuels, elles sont basées davantage sur ce qui a composé leur propre réalité que sur une projection vers l'avenir.

« Les jeunes adultes sont courageux, ils n'ont pas tout cuit dans le bec comme nous. Ils doivent se battre pour avoir un emploi et travailler fort pour le garder. Ils subissent beaucoup de pression car on leur demande beaucoup. Et ils bénéficient de moins d'encouragements de la part de leurs familles, car elles sont tellement plus petites. » (♀, 71 ans)

« Les jeunes qui travaillent dans l'insécurité, qui n'ont pas la chance de profiter de fonds de retraite de l'employeur et d'autres avantages sociaux comme nous, ils seront vraiment plus à plaindre. » (♀, 61 ans)

Est-ce l'impuissance devant la disparité de traitement au travail entre les générations ou le pragmatisme de gens «qui en ont vu d'autres» qui permet aux aînés d'escamoter les transformations sociales engendrées par les changements démographiques de la société québécoise qui risquent de peser lourd sur les jeunes générations? Au fond, pourquoi s'inquiéter de situations qu'on ne vit plus et qu'on ne vivra pas?

« Je ne suis pas désespérée, c'est leur monde et ils vivront dedans. Les règles de vie et de société s'adapteront aux générations montantes comme précédemment. Je ne suis pas du tout découragée pour eux. Ils auront bien sûr des problèmes comme toutes les générations, mais ils ont les outils, ils se défendront. » (♀, 73 ans)

« C'est une jeunesse éclatée, dans une solitude épouvantable. Je leur souhaite de se débrouiller, mais cela ne me désespère pas du tout. Leurs parents ont vécu une expérience tellement éloignée de la leur. Tout est dans l'ordinateur, disent les jeunes. Les parents rois, ça crée des enfants rois. » (♀, 82 ans)

Malgré tout, les jeunes bénéficient d'un préjugé favorable de la part de plusieurs aînés.

« Pour moi, tous les jeunes se ressemblent. Ils vivent tous les mêmes étapes d'apprentissage. J'aime les jeunes, ce sont eux qui m'ont attirée dans le projet Les petits mots doux. » (♀, 68 ans)

« J'aime rencontrer des jeunes. Je discute avec eux de toutes sortes de choses d'actualité et ils apportent des points de vue complètement différents. Cela me fait évoluer, j'aime beaucoup apprendre d'eux, peut-être aussi que cela leur apporte quelque chose. Je ne vais certainement pas dénigrer les jeunes. Il y a des pas bons parmi les jeunes, mais il y en a aussi dans ma gang à moi. » (♂, 73 ans)

« Je ne suis pas du tout désespérée d'eux. Parfois, je suis plutôt désespérée pour eux. Parce que le reflet du monde qu'on leur donne est pratiquement désespérant. » (♀, 68 ans)

« Les gens que je fréquente le plus, ce sont les amis de mon garçon, de 45 à 55 ans. C'est la classe d'âge que je vois le plus, on discute de tout, ils me parlent de leurs problèmes, se confient à moi, m'expriment de la tendresse et je le leur rends bien. » (♀, 85 ans)

Moins d'autorité parentale

Des répondants ont pointé du doigt la baisse d'autorité parentale comme facteur déterminant des difficultés que vivent les jeunes. *« Cela dépend de la façon dont ils ont été élevés. Les jeunes ont beaucoup trop de liberté, les parents sont moins présents pour leurs enfants, le travail sert souvent d'excuse. »* (♀, 80 ans)

« Les petits manquent d'attention de la part de leurs parents. Ils manquent d'autorité. » (♀, 73 ans)

« Les parents sont trop absents de la vie de leurs enfants, ils ne peuvent pas les reprendre quand ils agissent mal. » (♀, 63 ans)

Des grands-mères admettent que les parents ont perdu de leur autorité dans le passage du modèle de famille hiérarchique au modèle plus égalitaire, et elles entrevoient des conséquences personnelles et sociales.

« Ce n'est pas pour rien qu'on parle beaucoup de suicide chez les jeunes. Ils ne veulent pas devenir des parents perdants, mais ils n'ont plus de ligne directrice. » (♀, 68 ans)

« Est-ce que les jeunes veulent des directives ? Quand on était jeunes, on se faisait dire par nos parents : "Mêle-toi pas de ça, tu n'y connais rien." Et maintenant, combien de jeunes disent cela à leurs parents ? L'élève a donc dépassé le maître. L'enfant a dépassé le parent. Les enfants sont rendus trop bons, trop intelligents, ils devancent tout le monde. Le problème, c'est que lorsqu'ils arriveront sur le marché du

travail, ils rencontreront des patrons qui seront toujours des patrons. Et les patrons ne veulent pas se faire dire quoi faire. » (♀, 73 ans)

Pourtant, en cherchant bien dans les souvenirs de sa propre jeunesse, on peut arriver à surmonter les écarts et à éprouver de l'empathie pour les adolescents.

« Moi aussi, quand j'avais 14 ans, il m'arrivait de faire des bêtises pour empêcher les gens de passer sur le trottoir. Ce n'était pas méchant. C'était un peu pour m'amuser. J'imagine que pour eux c'est pareil. » (♀, 61 ans)

« Quand ils sont en groupe, ils sont plus excités et se sentent plus forts. Ils font des choses qu'ils ne feraient pas seuls. Dans notre temps, c'était pareil, on avait nos gangs, mais on n'avait pas la même éducation. » (♂, 76 ans)

Il y a des aînés qui fuient la présence des jeunes générations et qui s'épanouissent avec leurs semblables. « Les gens de ma génération se limitent souvent à leur groupe d'amis. » (♂, 73 ans)

« Nous sommes toujours avec des aînés. Nous avons peu de contacts avec d'autres générations, à l'exception de notre famille. » (♀, 71 ans)

Et il y a ceux qui trouvent un sens à leur retraite auprès des jeunes, comme cet aîné pour qui Le Boulot vers… est devenu presque une mission :

« Cela me rapporte beaucoup d'amour, mes relations avec les jeunes. Je me sens utile, j'aime montrer aux jeunes ce que je sais, et j'aimerais qu'un jour ils fassent la même chose. Quand je vois des jeunes rencontrés au Boulot vers… qui sont maintenant chefs d'entreprises, c'est mon plus grand cadeau. » (♂, 86 ans)

Les relations familiales constituent cependant pour la majorité des aînés le lieu d'échanges et d'apprentissages des changements de tout ordre. Quand les liens sont chaleureux, il en résulte de belles expériences intergénérationnelles, comme le raconte cette dame qui a fini, malgré toutes les attentions de sa petite-fille, par revenir à Montréal :

« *J'ai une petite-fille qui m'a fait construire un appartement dans le prolongement de sa propre maison, en dehors de Montréal. Elle voulait que je sois bien tranquille en présence de sa fille et que je vieillisse en famille avec mon indépendance, mais à proximité de ma famille. J'ai beaucoup profité de la présence de mon arrière-petite-fille, car je n'avais rien d'autre à faire. Après mon départ, j'ai correspondu deux années avec elle par l'intermédiaire de sa mère.* » (♀, 85 ans)

« *J'ai trois petits-enfants avec qui je suis très permissive. J'ai même assisté à leur naissance. Ça été pour moi un des plus beaux cadeaux de ma vie. Je suis très importante pour eux autant qu'ils le sont pour moi, d'ailleurs. La famille est très importante pour moi et pour mes enfants.* » (♀, 69 ans)

Quand elles ne peuvent plus recevoir chez elles parce que leur logement est trop petit, les grands-mères organisent des fêtes familiales dans la salle communautaire de la Maison. Mamans et grands-mamans pour la vie. « *Dans mon cas, ça arrive une fois par année que je peux réunir toute ma famille ici.* » (♀, 84 ans)

« *Pour la fête des Mères, j'ai loué la salle ici, à la Maison des aînés, et j'ai reçu toute la famille, mes enfants, mes petits-enfants et mes arrière-petits-enfants. Nous étions 25, nous avons mangé, dansé et chanté de 15 h à minuit. Ça été merveilleux. Tout le monde était content.* » (♀, 85 ans)

D'autres hébergent leurs petits-enfants qui, après le secondaire, doivent venir étudier en ville. « *Mes petites-filles logent ici quand elles vont au cégep.* » (♀, 78 ans)

Mais il arrive aussi que les enfants s'éloignent des parents pour aller étudier ou travailler, que les petits-enfants grandissent sous d'autres cieux, qu'on vieillisse sans connaître ses arrière-petits-enfants. Peut-on reprocher alors aux aînés de rechercher la présence de leurs semblables pour combler le vide ?

SOLUTIONS

De lui-même, le sujet conduit à une recherche de rééquilibre dans les relations entre les générations. Comme si le fait d'en parler faisait réaliser qu'il manque, dans notre mode de vie actuel, des occasions régulières d'entrer en contact avec des individus d'autres générations. Car Hochelaga-Maisonneuve reste un quartier accueillant pour tous, contrairement à ces ensembles d'habitations pour retraités qui n'admettent pas les jeunes familles. Les répondants ont fourni des éléments de solutions pour rendre possibles les relations entre les générations.

« Il faut accepter la différence, quelle qu'elle soit. Les contacts et les relations avec d'autres groupes d'âge nourrissent et font grandir. Ils sont valorisants pour les deux groupes qui se rencontrent. Et surtout, cela nous tient au courant des nouvelles tendances sociales et nous fait évoluer. » (♀, 61 ans)

Des projets comme Les petits mots doux créent des occasions merveilleuses de rencontres intergénérationnelles. Et il en est d'autres qui se réalisent à peu de frais, avec une pensée pour le mieux-être des jeunes comme des moins jeunes.

« Autrefois, plusieurs générations habitaient ensemble sur les fermes. On ne peut plus revenir en arrière. Mais cela serait positif de rechercher des éléments de solution pour créer des ponts. Comme à Noël, les jeunes de la Maison des enfants viennent chanter pour nous ici, à la résidence. » (♀, 71 ans)

Mais il faut d'abord reconnaître les fossés qui séparent les gens avant de penser à les combler.

« Les changements à apporter à la société, c'est l'affaire de tous. Quand on trouvera qu'il est important que les personnes âgées soient associées à la vie courante, on trouvera les moyens de le faire. » (♂, 69 ans)

Et parfois il suffit de si peu de choses pour créer un effet durable. « Oui, il serait important qu'on raconte aux enfants comment cela se passait dans l'ancien temps. Ou juste des histoires inventées. » (♂, 66 ans)

« Je raconte mon époque à mes enfants et à mes petits-enfants. Eux surtout ne peuvent soupçonner ce que nous avons vécu pendant notre jeunesse. » (♀, 71 ans)

♡♡♡ « JE LEUR RACONTAIS COMMENT JE M'Y ÉTAIS PRIS POUR RÉUSSIR TELLE OU TELLE CHOSE. JE LEUR RACONTAIS LES DIFFICULTÉS DE MA JEUNESSE. JE LEUR RACONTAIS COMMENT, POUR DES RAISONS FINANCIÈRES, JE N'AI PAS PU FAIRE CE QUE JE VOULAIS FAIRE. ET COMMENT JE ME SUIS RETROUVÉ À FABRIQUER DES MOULES DE BOIS. J'AVAIS DIT À MA MÈRE : "SI JE NE PEUX PAS FAIRE UN COMPTABLE, SI JE DOIS ALLER APPRENDRE À FAIRE DES MOULES DE BOIS, JE SERAI UN TRÈS BON MODELEUR." ET C'EST CE QUE J'AI ÉTÉ. JE N'AI PAS PEUR DE LE DIRE, J'AI AIMÉ MON MÉTIER. J'AI TRÈS BIEN RÉUSSI ET J'AI COMBLÉ TOUTES MES ATTENTES DANS MON MÉTIER. C'EST CE QUI ME PERMET DE PARLER OUVERTEMENT AUX JEUNES. CAR J'AI ÉTÉ DES DEUX CÔTÉS. DU CÔTÉ DE L'EMPLOYÉ ET DU CÔTÉ DU CONTREMAÎTRE. JE ME SENS DONC TRÈS À L'AISE DE LEUR PRODIGUER DES CONSEILS EN ME BASANT SUR MON EXPÉRIENCE. J'AIME DIRE QUE L'EFFORT EST SOUVENT RÉCOMPENSÉ. » (♂, 86 ANS) ♡♡♡

CHAPITRE NEUF

LA RELIGION

La continuité dans le changement

La simultanéité du Concile Vatican II et de la Révolution tranquille a modifié profondément la pratique religieuse au Québec. On pourrait croire que les aînés qui avaient vécu jusqu'alors dans le «giron de notre sainte mère l'Église» ont été plus affectés que les jeunes générations. Rappelons ici que les répondants sont âgés de 61 à 90 ans. On est alors en droit de se demander si les personnes nées dans les années 1920 ont réagi de façon différente de la génération d'après-guerre.

Or, les opinions dépassent le clivage générationnel.

En passant de pratique sociale à pratique privée, la religion catholique a perdu énormément de fidèles dans les églises. C'est un fait indéniable. Toutefois, on aurait tort de conclure que la désertion des églises signifie la fin de la religion dans la vie de chacun. À écouter les propos des aînés, tout laisse croire que les fidèles auraient gagné en autonomie spirituelle.

Nombreux sont les aînés, quels que soient leur âge et leur sexe, qui affirment n'avoir guère été perturbés par le modernisme introduit dans la pratique de la religion. Après tout, la religion catholique a été longtemps au cœur de la culture et, j'oserais dire, de l'identité des Québécois d'avant la Révolution tranquille, comme le prouvent les témoignages suivants.

« *Je trouve que la religion a beaucoup évolué et il était grand temps qu'elle le fasse. Et il y a encore des choses que je trouve difficiles, comme les dernières déclarations du pape sur l'avortement et le sida.* » (🧍, 63 ans)

« *Quand j'étais jeune, la pratique de la religion était obligatoire. Maintenant, plus personne ne m'y oblige et je pratique par conviction personnelle.*

« *La religion catholique de ma jeunesse, c'était exagéré au max. Mais je suis capable de faire la part des choses. Je suis un croyant pratiquant, alors tous les changements ne m'ont pas vraiment dérangé.* » (🧍, 73 ans)

« *Moi je pratique encore, je vais à la messe le dimanche, je fais mon carême peut-être un peu moins sévèrement qu'auparavant. Le dimanche, j'apporte aussi la communion aux locataires qui le désirent.*

« *Les changements qui arrivent dans la religion catholique ne me dérangent pas. Les saints qui sont détrônés, cela ne me regarde pas, c'est l'Église qui les a mis là, c'est l'Église qui les enlève.* » (🧍, 71 ans)

« *Les changements apportés aux pratiques religieuses ou même aux croyances n'affectent en rien ma propre croyance. J'ai vu évoluer l'Église, mais je n'ai jamais perdu la foi.* » (🧍, 84 ans)

« *J'ai toujours pratiqué, j'ai été enfant de Marie. J'aimais aller à la messe, je servais la messe.* » (🧍, 84 ans)

« *Les changements dans l'Église ne m'ont pas vraiment choquée parce que tout change. L'ancienne manière avait du bon et du mauvais, il y a eu des exagérations, bien sûr.* » (🧍, 73 ans)

Une pratique adaptée et des croyances personnelles

Les modifications apportées aux rites ont favorisé la pratique individuelle. Chacun peut l'adapter à son mode de vie, sans se sentir coupable. Il est permis de questionner les enseignements de l'Église et de les adapter, l'objectif étant de se sentir enfin à l'aise dans sa spiritualité.

« Je suis née et j'ai été élevée dans la religion catholique. Je ne vais pas à l'église, mais ma religion catholique a de l'importance. J'ai pris une tournure plus spirituelle que religieuse. J'ai une relation directe avec Dieu. » (♀, 61 ans)

« Maintenant, pour moi, Dieu n'est plus un Dieu vengeur, c'est un Dieu d'amour. Avant, quand j'allais à la messe, j'avais hâte que ça finisse. Maintenant, j'ai découvert une petite chapelle où il y a la messe en latin entrecoupée de chants en français. C'est de la vraie détente pour moi. » (♀, 69 ans)

« Maintenant, je ne peux plus y croire comme avant. J'ai mes valeurs et mes croyances, mais je ne suis pas une fanatique dans rien. » (♀, 73 ans)

« Je suis catholique. On regarde la messe à la télé. Mon mari qui va à l'église m'apporte la communion tous les dimanches. Moi, je n'y vais que pour des funérailles et des services religieux. » (♀, 80 ans)

« À quoi s'accrocher à notre âge ? Moi, je suis toujours en réflexion. J'ai ma spiritualité, je crois en ce qui me dépasse. » (♀, 82 ans)

« La foi ne s'exprime pas juste en allant à l'église. Notre religion, on la fait selon nos convictions et notre foi personnelle, pas pour satisfaire les voisins. » (♀, 71 ans)

« La religion, pour moi, c'est comme un coffre à outils, et cela vaut pour toutes les religions. Quand tu as besoin d'un outil, tu fouilles dans le coffre, tu choisis celui qui te convient et tu refermes le coffre. Mais tous les dogmes qu'on nous a obligés à croire, pour moi, c'est fini. » (♂, 72 ans)

« Moi je crois en mère nature. De toute façon, si on s'aime soi-même, on aimera les autres. » (♂, 65 ans)

Des regrets

Chez certains, surtout chez les femmes, le souvenir des anciens enseignements religieux laisse un goût amer.

« *Maintenant, les saints ne sont plus saints, les péchés ne sont plus péchés. On a l'impression d'avoir été floué énormément. Quand je pense à tout ce que j'ai imposé à mes enfants pour suivre les instructions du curé, maintenant je trouve ça terrible.* » (♀, 84 ans)

« *J'ai été élevée par les sœurs et je garde un mauvais souvenir de leurs histoires concernant la vie spirituelle et les devoirs des catholiques. J'étais jeune, je croyais tout ce qu'elles disaient. Je ne leur en veux pas, car je suis sûre qu'elles avaient de bonnes intentions. Mais je continue de penser que c'est effrayant de faire peur aux enfants comme ça.* » (♀, 85 ans)

Alors qu'une autre dame, de vingt ans plus jeune, regrette au contraire les rituels traditionnels de son enfance.

« *J'ai été élevée par les sœurs avec toutes les restrictions et les rites anciens. J'ai été insultée quand j'ai reçu la communion des mains d'un laïc. Aujourd'hui, on ne fait plus de péchés, on souffre de manque d'amour. Dans mon temps, c'était des péchés, mortels ou véniels. J'ai bien du mal à accepter ces changements.* » (♀, 66 ans)

Il y a aussi ceux et celles qui, au cours de ces décennies de transformation, en sont arrivés à rejeter la pratique religieuse, mais ils ne sont pas athées pour autant.

« *La religion a été faite par des hommes alors que le message du Christ est resté tel quel. En rejetant les rites de l'Église catholique, je me suis trouvé à chercher mes forces en moi-même. Et j'ai découvert que le royaume de Dieu, il est en chacun de nous.* » (♂, 72 ans)

« *Je suis contre la religion, contre toutes les religions. Ce qui ne m'empêche pas de croire, mais je n'ai pas besoin de règles et d'inter-médiaires.* » (♀, 71 ans)

« *Je n'ai pas de religion, car c'est une forme d'exploitation et d'aliénation des personnes. J'ai ma spiritualité, mais j'ai renoncé à la religion de l'institution. Je ne veux plus de rites mécaniques, de robot.* » (♀, 78 ans)

La confession

Personne n'a mentionné les longues privations imposées par le carême et l'avent, ni les offices interminables. Il semble qu'on peut oublier beaucoup d'aspects de la religion, mais on se souvient de l'obligation de la confession. Il faut se rappeler qu'à l'époque le confesseur devenait un peu l'oreille de Dieu. La confession est donc tombée en désuétude avec le prêtre.

« *Le plus pénible, c'était la confesse. Tout était péché.* » (♀, 84 ans)

« *On ne se confesse plus. D'ailleurs, cela dérange le prêtre, la confession personnelle. Les gens préfèrent maintenant la confession collective intérieure, car ils ne veulent plus révéler leur intimité à une autre personne. Maintenant, les confessionnaux servent de lieux d'entreposage de matériel d'église.* » (♂, 78 ans)

« *Dans mon temps, tout était péché, mais je me suis sorti de cette culpabilité. J'ai bien réfléchi et je me suis dit que cela était insensé. Bien manger était péché, regarder Elvis Presley à la télévision était péché.* » (♂, 65 ans)

« *Je n'ai jamais cru à la confession, je ne savais pas quoi dire étant petite. Il fallait se forger des péchés.* » (♀, 71 ans)

« *Pourquoi aller se confesser à un curé qui fait pire que soi ? Quand j'ai quelque chose à dire, je parle en haut et cela finit là.* » (♀, 80 ans)

Les prêtres

Faut-il voir les prêtres comme les grandes victimes des changements profonds opérés par le Vatican dans les années 1960 ? On peut imaginer que certains se sont conformés aux nouvelles doctrines avec réticence. La Révolution tranquille n'a-t-elle pas joué un rôle majeur dans le renversement de l'influence dont ils jouissaient traditionnellement dans notre société ?

« *Les prêtres ne sont plus aimés, car on a changé trop de choses dans l'Église, et cela retombe sur eux, alors que les dirigeants du Vatican* sont épargnés. Je ne crois plus que le pape est infaillible. Ils ont fait trop d'erreurs, et cela leur tombe dessus. » (♀, 86 ans)

« Mais je suis fâchée avec l'Église, avec ses prêtres et leurs diktats. Ce qui me déplaît, c'est le refus de la place accordée aux femmes, le maintien du célibat pour les prêtres, leurs positions face à l'avortement, leur refus d'ouverture, eux qui ne vivent pas la vraie vie. » (♀, 61 ans)

Une jeune retraitée rappelle le recrutement des vocations religieuses, recrutement qui ne s'est pas toujours avéré heureux, ni pour les fidèles, ni pour les concernés :

« C'était une erreur d'essayer de forcer des jeunes à devenir prêtres. Ceux qui ont défroqué et les abuseurs sexuels n'étaient pas à la bonne place et n'auraient jamais dû devenir prêtres. Ça été une erreur de la part de l'Église catholique, à mon avis. » (♀, 63 ans)

Et puis, on évoque les problèmes de harcèlement sexuel des jeunes dont les journaux ont fait grand bruit et dont toutes les victimes n'ont pas encore reçu excuses et dédommagements.

« Quand on connaît les curés, on s'en éloigne. Plusieurs ne sont pas à leur place. Un de mes garçons a souffert des agissements d'un curé. Je ne peux pas l'oublier. » (♀, 80 ans)

« Ce qui m'a surpris, c'est d'apprendre que le vicaire venait de défroquer. Cela m'a choqué et déçu. Quand j'ai pensé ensuite que je m'étais confessé à ce type, cela m'a dérangé en tabarnouche. Tous ne sont pas ainsi, mais ces cas, même isolés, causent du tort à la religion. » (♂, 76 ans)

Mais d'autres se montrent plus compréhensifs, du moins plus pragmatiques.

« Les abus sexuels des prêtres, cela me passe vraiment par-dessus la tête. Non pas que je sois d'accord avec ça, mais cela ne m'atteint pas. Moi, je ne vais pas à l'église pour le prêtre qui est devant moi. Je ne le considère pas comme mon grand patron. » (♂, 73 ans)

« C'est comme si on avait oublié que les prêtres sont des hommes. Plusieurs sont devenus prêtres pour faire plaisir à leurs parents, à l'époque. » (♀, 71 ans)

D'une autre manière

Si les aînés rencontrés désertent les églises et reprochent à l'Église catholique son grand dogmatisme, ils parlent beaucoup de spiritualité et se disent croyants malgré tout.

« *Pour moi, cela doit avoir du sens, comme le partage, la communication franche et vraie, une confiance les uns dans les autres, qui permet de se livrer, de se rendre vulnérable. C'est ça ma religion. Pour moi, c'est ça l'esprit de Jésus.* » (♀, 78 ans)

Une aînée pratiquante résume en ces termes le long chemin parcouru depuis l'abandon de certaines traditions religieuses :

« *Il a fallu tout perdre pour arriver à dire « C'est ça l'évangile. » Ce n'est pas une morale, une structure, une doctrine, c'est un amour offert, un don de soi, une réalisation de l'humanité. Ce fut une révolution tranquille, mais une révolution quand même. Et nous l'avons voulue ainsi.* » (♀, 86 ans)

Un autre aîné, pratiquant depuis toujours, a participé activement à l'évolution de l'Église depuis sa paroisse.

« *C'est peut-être ça l'avenir de la religion : la mise en commun de petits groupes qui croient et qui veulent continuer à pratiquer. Mais cela devra être volontaire, sans obligation pour personne.* » (♂, 86 ans)

Un retour aux dévotions conventionnelles est tenté par cette jeune retraitée qui y apporte cependant sa touche personnelle.

« *Quand j'étais battue et malheureuse, j'allais parler à la Vierge. Ensuite j'ai découvert l'Armée de Marie, qui est une association catholique rejetée par les évêques du Canada. C'est une divorcée qui a fondé cette association, c'est donc très mal vu, mais c'est une association qui vous fait travailler sur vous-même. C'est ainsi que j'ai pu m'améliorer avec la prière, les rencontres et la lecture de livres sur des thèmes religieux. Plus on prie, plus on a besoin de prier.*

« *J'assiste à la messe trois fois par semaine. Je n'ai pas assez de temps pour le Bon Dieu.* » (♀, 66 ans)

La religion et les femmes

Les aînées québécoises se souviennent de l'autorité du curé dans leur vie privée : contraception, éducation des enfants, mariage et surtout séparation, leur vie de couple était plus ou moins sous le contrôle de l'Église.

« J'ai entendu des témoignages de femmes qui ont subi le pouvoir de l'Église, c'était effrayant ! Je trouve ça intéressant que les gens se soient libérés de ce contrôle. » (♀, 63 ans)

« Pour la contraception, moi je ne pouvais rien prendre. Mais quand on aime, on ne refuse pas. Je revenais de la confesse en pleurant, ce qui bouleversait mon mari. Il me disait : « Je vais t'aider à calculer ça. » Avec le résultat que mon deuxième est né 11 mois et demi après le premier. J'ai eu trois enfants en quatre ans ! » (♀, 84 ans)

« En tant que divorcée, je n'avais pas accès à la communion et j'ai toujours trouvé cela épouvantable, comme une punition. » (♀, 82 ans)

« S'immiscer dans les familles, ordonner de faire des enfants sans quoi vous ne serez pas pardonnés, etc. Une minute ! La famille, c'est la famille, et l'Église, c'est l'Église. Il y avait même à l'époque une méthode de contraception connue (Ogino) dont les curés refusaient de parler. » (♀, 63 ans)

Le sort des édifices

Dans le quartier Hochelaga-Maisonneuve, la fermeture des églises catholiques est un fait qui inquiète plusieurs aînés. Plus encore depuis que les autorités évaluent différentes options de transformation pour celles en voie d'être fermées et que les médias locaux en rapportent les débats.

Deux églises ont déjà été affectées à des missions nouvelles qui n'ont rien à voir avec le ministère religieux. Aussi, chacun se sent libre de suggérer à quoi pourraient servir les deux dernières menacées de fermeture. Cependant, tous sont d'accord pour leur donner une vocation sociale au service des gens du quartier.

« Les églises qui ferment devraient être mises au service de la communauté et de ses organisations. » (♂, 71 ans)

« Les églises qui sont maintenant vides devraient être mises au service du citoyen pour des œuvres sociales. Un peu comme le Resto Pop. Servir à des réunions, devenir des lieux de rassemblement pour faire des fêtes. Elles pourraient appartenir à la communauté. » (♀, 65 ans)

« Quant aux églises désaffectées, on pourrait les transformer en résidence et utiliser leur grand terrain pour aménager des jardins pour les personnes âgées, pour des plus jeunes, pour des assistés sociaux, faire des programmes pour aider les gens qui en ont besoin puisqu'il y a du terrain à profusion autour des églises. » (♀, 73 ans)

« On devrait plutôt leur donner des vocations sociales, comme des CHSLD, car il n'y a pas assez de ces maisons pour personnes en perte d'autonomie, ou des abris qui empêcheraient les itinérants de dormir dehors. » (♀, 78 ans)

« C'est normal que les églises ferment, car elles sont bourrées de dettes et il n'y a plus de paroissiens pour payer. C'est bien qu'elles soient transformées pour répondre à des besoins de la population. » (♂, 79 ans)

Certains expriment de sérieuses craintes que ces églises désaffectées ne subissent «un mauvais sort».

«Je crains qu'on vende les terrains des églises fermées et qu'on les détruise pour faire des condos. C'est la mode. » (♀, 78 ans)

« Moi, cela me fait beaucoup de peine de voir une église transformée en condos. » (♀, 86 ans)

Pourquoi les citoyens aînés de Hochelaga-Maisonneuve tiennent-ils tant à la conservation des ces édifices, alors que la majorité ne les fréquentent plus?

« Ce sont deux belles églises, classées monuments historiques. C'est bien qu'on leur trouve de nouvelles vocations. » (♂, 66 ans)

« À cette époque, on aimait ce qu'on faisait et on le faisait admirablement bien. On travaillait pour le bon Dieu. Les églises sont un patrimoine qu'il ne faut pas renier. » (♂, 65 ans)

Qui pourrait sauver ces bâtiments appartenant au patrimoine religieux québécois ? Certains interpellent vivement la communauté religieuse qu'ils croient en mesure d'agir.

« Je me demande pourquoi les communautés religieuses qui sont immensément riches n'investissent pas pour le bien commun des mortels, au lieu de garder leur argent dans une banque. Ces communautés sont riches à millions et n'ont plus de candidats ou de candidates. » (♂, 73 ans)

« Mais à l'archevêché, il y en a de l'argent. Les communautés religieuses aussi en ont, moi je trouve cela scandaleux. On quête pour la communauté, pour l'archevêché, Québec donne aussi de l'argent. D'abord les églises ont été construites avec l'argent des paroissiens. » (♂, 84 ans)

Comment en est-on arrivé à fermer des églises, à devoir leur trouver de nouvelles vocations ou, pire encore, à peut-être les détruire ? Deux marguilliers d'expérience donnent leur analyse de la situation.

« L'Église n'a pas vu venir l'exode de ses fidèles. Quand on a vu que l'affluence baissait sérieusement, on aurait dû vendre les églises pour en bâtir des plus petites. On avait ici, avec l'église Saint-Barnabé, la vraie église dont nous avions besoin. Très propre, pas de dettes, mais après la fermeture de l'église, l'Office du Patrimoine l'a vendue à un organisme de bienfaisance, pour une bonne cause, mais c'est réellement le bâtiment qu'il nous aurait fallu. » (♂, 86 ans)

L'autre renchérit :

« On avait une belle église, libre de dettes, pas trop grande, facile à gérer, on l'a vendue. Maintenant, après la fermeture des deux autres grosses églises qu'on ne peut plus entretenir, on doit louer le sous-bassement de notre première église qu'on a vendue. On y réunit les pratiquants de trois paroisses pour la messe. » (♂, 78 ans)

C'est avec amertume que ces citoyens abordent le sujet, d'autant plus qu'ils sentent que la gestion des églises, à laquelle ils ont consacré du temps et de l'énergie en tant que marguilliers, leur a complètement échappée.

« J'ai fait trois termes, douze ans en tout, mais quand l'église a fermé, je me suis retiré comme tous les autres. On était révoltés par cette fermeture. » (🧍, 78 ans)

La fermeture des églises inquiète les aînés à un autre titre, plus personnel. Où aura lieu le service religieux qu'ils désirent avoir à leur décès ?

« Moi, je veux un service religieux et être enterrée dans un cimetière, mais je ne sais pas du tout où j'irai. » (🧍, 84 ans)

« Mais là, on est dans l'incertitude. Moi je cherche où aura lieu mon service, car je veux être enterrée dans le culte catholique. » (🧍, 90 ans)

La pratique religieuse de leurs descendants

Même s'ils ont modifié leurs pratiques religieuses, s'ils vont moins souvent à l'église et plus du tout à la confesse, certains aînés sont peinés de voir leurs enfants, et surtout leurs petits-enfants, grandir hors de la religion.

« Mes enfants ne pratiquent pas et cela me fait bien de la peine. Parce que je sais que le bon Dieu nous donne la force de surmonter nos épreuves. » (🧍, 63 ans)

« La baisse de la pratique de la religion m'inquiète beaucoup. La génération suivante semble avoir moins la foi, ne croit peut-être pas du tout. Mes petits-enfants ne vont pas à la messe, ils ne connaissent pas les prières. Cela nous fait beaucoup de peine. Mais il faut les laisser vivre. » (🧍, 71 ans)

Toutefois, tous reconnaissent qu'il s'agit d'une décision personnelle qu'ils auraient tort de tenter d'influencer.

« Ma fille a été élevée dans la religion catholique, ses enfants sont baptisés, mais je ne me mêle pas de savoir s'ils sont pratiquants. La pratique religieuse, c'est quelque chose de personnel, je ne veux pas qu'on m'en parle et je n'achalerai personne avec ça. » (♀, 73 ans)

« Je laisserais les parents libres de faire baptiser ou non mes petits-enfants si j'en avais. » (♂, 61 ans)

« Mes enfants ne pratiquent pas, mais leurs enfants sont tous baptisés. Mais c'est leur vie et ça leur appartient. Je n'ai pas à intervenir là-dedans. » (♂, 69 ans)

« Cela a changé trop vite. Un jour, tout est défendu, et le lendemain, tout est permis. Les jeunes ne savent pas ce que nous avons connu et traversé. Pour eux, il n'y a plus de religion. Ils ne connaissent pas les prières. » (♀, 78 ans)

Les grands-parents se résignent à n'en pas parler, car ils ne veulent pas être une source de conflits qui éloigneraient leurs enfants et leurs petits-enfants. Et puis, au fond, n'y a-t-il pas d'autres façons de «gagner son ciel»?

« Pas besoin d'aller à la messe pour être bon, ni pour croire en Dieu. » (♀, 78 ans)

« S'ils ne pratiquent pas la religion, on ne peut pas les forcer, mais s'ils sont respectueux et aident les voisins, je dis que c'est très important, je dis que c'est un genre de foi. » (♂, 71 ans)

L'enseignement actuel

Le petit catéchisme n'apparaît plus sur la liste des livres scolaires obligatoires. Il a été remplacé par un cours sur les religions qui répond davantage aux besoins de la nouvelle clientèle des écoles québécoises. Est-ce regrettable? Est-ce un signe d'ouverture vers les enfants qui ne sont pas catholiques? Certains essaient d'y voir des avantages.

« Je trouve très intéressant que les enfants d'aujourd'hui soient mis très jeunes en présence d'enfants d'autres cultures et religions. Quand j'étais enfant, il ne fallait pas jouer avec des protestants. » (♀, 63 ans).

« Les enfants n'apprennent plus le catéchisme à l'école, mais plutôt l'enseignement moral. C'est peut-être aussi bon que le catéchisme. C'est ce que prétend ma fille, en tout cas. » (♀, 71 ans)

Mais d'autres craignent que cela ne marque le déclin de l'enseignement de la religion catholique, du moins dans la formule qu'ils connaissent.

« Les parents ne l'enseignent pas. Et elle ne sera plus enseignée dans les églises non plus, car il n'y a plus d'agents de pastorale, plus de relève dans les universités. C'est un métier trop mal payé. » (♀, 78 ans)

Au fond, ce sont les effets qu'on attribue à l'enseignement religieux qu'on regrette, à tort ou à raison. Et on réclame des guides et des principes adaptés aux nouvelles générations pour remplacer le vide.

« Autrefois, il y avait de la religion et aussi de la morale. Maintenant, la religion est tombée, entraînant avec elle la morale. Et cela est regrettable. Aujourd'hui, tout est permis. Je suis d'accord pour dire que la religion est allée trop loin anciennement, mais maintenant on va trop loin dans l'autre sens. Il faudrait trouver le juste milieu. » (♀, 73 ans)

« Par contre, je trouve que les balises religieuses manquent aux jeunes. Ils n'ont plus de but. Bien sûr, il y avait beaucoup de péchés quand on était jeunes, mais je ne suis pas sûre que les jeunes soient beaucoup plus heureux maintenant. » (♀, 73 ans)

Le mot de la fin est accordé à un représentant de l'Église qui a vécu, lui aussi, les chambardements dans la pratique religieuse au Québec et qui exprime son optimisme pour l'avenir :

« Je suis convaincu cependant que la religion catholique survivra au Québec pour deux raisons principales. D'abord, celui qui la tient debout, c'est Jésus-Christ. L'autre raison est plutôt historique. Ce qui est vécu actuellement au Québec n'est pas nouveau. Cela s'est produit au XIXe siècle. » (♀, 69 ans)

♀♀♀ SOUVENIRS D'ENSEIGNEMENT RELIGIEUX

EXPÉRIENCE AU SÉMINAIRE

« LES DEUX PLUS BELLES ANNÉES DE MA VIE, JE LES AI PASSÉES À OKA, OÙ J'ÉTAIS ENTRÉ POUR DEVENIR PRÊTRE. J'AVAIS ACCEPTÉ CETTE OFFRE D'ÊTRE PENSIONNAIRE AU SÉMINAIRE À LA FOIS POUR SORTIR DE CHEZ MOI ET POUR FUIR L'ÉCOLE OÙ J'ÉTAIS. JE DOIS DIRE AUSSI QUE J'ÉTAIS EN TRAIN DE DEVENIR CE QU'ON APPELLE UN PETIT "BUM", J'ÉTAIS DÉJÀ VIOLENT ET J'AIMAIS BIEN ME BATTRE DANS LES RUES. JE N'Y SUIS PAS RESTÉ, CAR À L'ADOLESCENCE JE ME SUIS SENTI BEAUCOUP TROP ATTIRÉ PAR LES JEUNES FILLES.

JE DOIS CEPENDANT RECONNAÎTRE PUBLIQUEMENT QUE JE N'AI JAMAIS ÉTÉ HARCELÉ OU AGRESSÉ PAR DES RELIGIEUX DANS CE COLLÈGE, ALORS QUE JE L'AI ÉTÉ PAR LE DIRECTEUR DE L'ÉCOLE OÙ J'ÉTAIS AUPARAVANT, QUI LUI ÉTAIT MARIÉ ET PÈRE DE FAMILLE. » (♂, 72 ANS)

DÉFINITION DE L'ÉTERNITÉ

« JE ME SOUVIENS DE LA DÉFINITION DE L'ÉTERNITÉ QU'ON NOUS DONNAIT AU COUVENT : C'EST UN GROS ROCHER QUI EST EFFLEURÉ PAR LES AILES D'UN PETIT OISEAU, ET LE TEMPS QUE LE ROCHER DISPARAISSE REPRÉSENTE L'ÉTERNITÉ. ALORS QUAND ON FAISAIT QUELQUE CHOSE DE PAS CORRECT ET QU'ON NOUS PROMETTAIT L'ENFER, C'ÉTAIT AUSSI POUR L'ÉTERNITÉ, ET C'ÉTAIT TRÈS SOUF- FRANT. » (♀, 85 ANS)

« EMPÊCHER LA FAMILLE »

« MA MÈRE QUI A EU 12 ENFANTS A FAILLI MOURIR À DEUX REPRISES ET LE CURÉ LA POURSUIVAIT QUAND MÊME POUR QU'ELLE FASSE D'AUTRES ENFANTS. POUR PROTÉGER LA SANTÉ DE SA FEMME, MON PÈRE S'ÉTAIT ACCUSÉ D'EMPÊCHER LA FAMILLE ET L'ABSOLUTION LUI A ÉTÉ REFUSÉE. JE ME SOUVIENS DE L'AVOIR ACCOMPAGNÉ, ÉTANT ENFANT, JUSQUE CHEZ L'ÉVÊQUE POUR ALLER CHERCHER CETTE ABSOLUTION. J'AI ÉTÉ LONGTEMPS RÉVOLTÉE. HEUREUSEMENT QUE TOUT ÇA A FINI PAR CHANGER. » (♀, 69 ANS)

BLESSURE D'AMOUR-PROPRE

« QUAND JE PENSE QUE LORSQUE J'AVAIS 10 ANS LE PRÊTRE M'A REFUSÉ LA COMMUNION PARCE QUE JE PORTAIS UNE BLOUSE SANS MANCHES. » (♀, 66 ANS) ♡♡♡

CHAPITRE DIX

L'ENGAGEMENT SOCIAL

« *DONNER AVEC CŒUR SANS RIEN ATTENDRE OU DEMANDER EN RETOUR.* »
(🧍, 61 ANS)

Les spécialistes affirment que les aînés engagés socialement vieillissent mieux et en meilleure santé que ceux qui restent isolés ou passifs devant la télévision. Nos observations semblent le confirmer.

Sous prétexte d'être à la retraite, donc d'avoir du temps libre, la génération des aînés est certainement la plus sollicitée pour du bénévolat de toutes sortes. Du gardiennage de leurs petits-enfants à la participation à un conseil d'administration, du proche aidant auprès de malades en perte d'autonomie au mentor agissant auprès des nouveaux arrivants, les aînés disposés à rester actifs au sein de la société n'ont aucune peine à trouver leur niche. Ils n'ont cependant pas toujours vraiment le choix quand la sollicitation vient de la famille immédiate, mais tant qu'il n'y a pas d'abus, ils semblent s'en accommoder de bon cœur.

La famille

Ce retraité a consacré plus de 50 heures par semaine à son travail. Il ne le mentionne pas pour se plaindre, mais plutôt pour préciser pourquoi il ne s'est jamais investi dans la communauté.

« *Moi, mon bénévolat, je le fais dans ma famille. Je suis le benjamin d'une famille de 14 enfants. Je suis en excellente santé. Alors deux ou trois fois par semaine, j'accompagne ma sœur aînée de 90 ans chez le médecin ou pour faire des courses. Je m'occupe aussi de mes autres sœurs qui n'ont pas 90 ans, mais qui ont toutes besoin d'être accompagnées. La famille, c'est vraiment le premier bénévolat.* » (👤, 73 ans)

La grande majorité des femmes interviewées ont consacré plusieurs années à s'occuper de leurs parents vieillissants, de leur mère malade, de leur mari en perte d'autonomie. Elles en parlent comme si cela allait de soi.

« *Mon premier engagement social a toujours été ma famille : mes parents, mes frères et sœurs plus âgés, mes enfants, mes petits-enfants. Je n'ai vraiment pas eu le temps ni le goût de m'engager ailleurs.* » (👤, 73 ans)

C'est la face cachée du bénévolat, celui qui ne porte pas de nom, que le Conseil des aînés s'efforce de mettre en lumière sous forme de chiffres et de mots. Mais les idées préconçues ont la vie dure, surtout chez les aînés, ceux-là mêmes qui les ont partagées et intégrées depuis si longtemps.

Ainsi, un ardent bénévole du quartier donne une vision bien personnelle du bénévolat des femmes âgées :

« *Les aînés bénévoles sont presque toujours des femmes qui ont été sur le marché du travail. Ça c'est indéniable. Une femme qui a toujours travaillé à l'extérieur a bien plus de chances d'aller aider des jeunes ou d'autres personnes quand elle prendra sa retraite. Une femme qui a toujours été à la maison a moins de contacts, moins de réseau social, moins d'habitude de relations.* » (👤, 86 ans)

Les amis

Après la famille immédiate viennent les amis malades qui peuvent aussi compter sur les femmes pour les visiter et les accompagner.

Cette aînée jouit toujours d'une bonne santé malgré deux épisodes de cancer. Ses amies n'ont pas eu la même chance.

« Je n'ai jamais fait de bénévolat dans des organisations, mais j'en ai fait à ma manière. Je me suis occupée de deux de mes amies qui ont été malades l'une après l'autre et je les ai accompagnées jusqu'à leur décès. Je les ai visitées chaque semaine, une pendant quatre ans et l'autre pendant trois ans et demi. » (♀, 85 ans)

D'autres ont intégré le bénévolat dans leur vie, au même titre que la famille et le travail. Depuis de nombreuses années, ce jeune retraité s'implique avec son épouse dans un centre de personnes handicapées.

« Pour mon couple, ça été comme un mode de vie. Je sais que j'ai beaucoup contribué, mais j'en ai aussi tiré des avantages. Je me suis longtemps occupé d'un vieil homme de 93 ans avec qui je me suis lié d'amitié. Il m'a raconté sa vie et son métier dans la construction à son époque. J'ai eu avec lui des échanges absolument extraordinaires, j'ai tellement appris avec lui. Je m'imaginais encore jeune, en train d'écouter un grand-père. Je trouve qu'il y a beaucoup de gens de nos jours qui se privent de belles choses qu'ils peuvent découvrir auprès de ceux qui auraient besoin d'eux. Ce sont de vrais cadeaux qu'on reçoit de ces gens-là. » (♂, 63 ans)

Pourquoi décide-t-on de s'impliquer bénévolement dans une action citoyenne lorsqu'on se retire du marché du travail ? La retraite manquerait-elle d'attrait ? Les activités offertes aux aînés ne sont-elles pas suffisantes ? Serait-ce pour *« donner du sens à la vieillesse »*, comme le recommande une aînée ?

Peut-être existe-t-il plusieurs façons d'approcher le bénévolat, et nos entrevues nous permettent d'en distinguer au moins deux.

Les bénévoles de longue date

Une dame est arrivée à la Maison des aînés dès son ouverture, il y a maintenant cinq ans. Elle fait partie du conseil d'administration depuis lors. Elle explique :

« J'ai passé toute ma vie au service des autres et cela fait mon affaire. Je me trouve chanceuse d'être capable d'aider. Je crois que je serais très malheureuse si on m'empêchait de le faire. Par exemple, je participe à l'organisation d'activités ici, à la Maison des aînés, je mets la table, je sers des repas, parfois je prépare le repas. À ce moment-là, mon mari participe, il descend dans la cuisine et vient m'aider. » (♀, 71 ans)

Le bénévolat peut servir de déclencheur à une vie nouvelle. Cette jeune retraitée est engagée socialement depuis longtemps.

« Le bénévolat m'apporte le sentiment d'appartenir à une société, à une communauté. Cela a brisé mon isolement, car je vivais dans ma cuisine, coupée du monde extérieur. J'ai commencé à participer aux luttes de mon quartier. Cela a été ma façon de garder mon équilibre. »

Et maintenant ? « Je continue mon bénévolat là où j'ai commencé. C'est ma façon de redonner à la société ce que j'ai reçu d'elle, ce qu'elle a fait pour moi. » (♀, 61 ans)

Pour d'autres aussi, le parcours a été long.

« Pour me guérir des séquelles de mon enfance, j'ai dû demander de l'aide. Je me suis retrouvé dans un groupe qui s'appelle Les dépendants affectifs. Je continue d'animer des séances de partage où se retrouvent toutes sortes de personnes avec des expériences très variées, mais pas nécessairement des aînés. Je sais que cela les aide, mais cela m'aide aussi personnellement. Si cela ne m'aidait pas, je ne le ferais pas. Je suis la première personne que je dois aider et aimer. » (♂, 72 ans)

Une dame a vécu une vie conjugale faite de violence, de peur et de privations pour elle et son fils. Quand son petit est entré à l'école, elle l'a suivi, avec l'intention d'assurer une vigilance auprès de lui. Elle y est restée comme aide bénévole. Elle y a trouvé une valorisation, une raison d'être, des amis, une famille.

« Pour moi, l'engagement, c'est ça, donner avec cœur sans rien attendre ou demander en retour. À l'école, on fait plaisir aux profs et aux enfants qui viennent nous remercier. Je suis contente de travailler à l'école, ça fait 37 ans et je vais continuer tant que le bon Dieu me le permettra. J'apporte mon lunch et je mange avec les autres bénévoles et les profs. C'est ma famille, depuis le temps. Je crois avoir une brique dans l'école. Je suis heureuse ainsi. Tout le monde est fin avec moi. Je trouve aussi très important de participer aux réunions ici, à la Maison des aînés, car c'est ici que je reste. Mais j'hésite à m'engager dans le conseil d'administration tant que je suis à l'école. » (♀, 66 ans)

Impliquée depuis une quinzaine d'années à l'ASTA, cette aînée bénévole était au local 4 ou 5 jours par semaine. Elle y a été présidente et vice-présidente jusqu'à ce que la maladie la force à se retirer. Aussitôt l'alerte passée, les traitements terminés, elle y est retournée. Elle a aussi été présidente du comité des résidants de son HLM et, à ce titre, elle organisait avec son mari des activités et des fêtes.

Qu'est-ce que cela leur apporte ? « Je trouve que les personnes âgées nous donnent beaucoup, car elles nous content des choses de leur vécu, de leur jeunesse. C'est important que les aînés s'engagent dans la communauté. Cela motive, occupe, cela garde vivant, physiquement et intellectuellement. Surtout si on fait partie d'un regroupement. À l'Association des locataires de HLM, il y a beaucoup de réunions avec les représentants de la ville, on a l'occasion de rencontrer d'autres associations, d'échanger nos idées. » (♀, 71 ans)

Cet aîné encore très actif a toujours vécu dans le quartier, il y a élevé ses enfants. Toute sa vie, il s'est engagé socialement : dans le sport d'abord, puis auprès des jeunes et des aînés. Il est encore marguillier de la paroisse. À 86 ans, il tente maintenant de prendre une certaine distance vis-à-vis de ses engagements.

« Je vais un peu moins souvent au Boulot vers…, mais je suis toujours membre de l'AQDR ainsi que du Centre culturel, de l'Association l'amitié n'a pas d'âge. Qu'est-ce que l'engagement social m'a apporté ? Le sentiment d'avoir rendu service à quelqu'un. Comment ? J'apprends à *connaître une nouvelle organisation, sa mission, ses activités. Je me suis beaucoup impliqué dans le domaine des loisirs. Mais les loisirs servent à quoi ? À entretenir les jeunes, à leur donner une leçon de vie. C'est ça que j'apprenais. Cela crée aussi un réseau de connaissances et d'amis. »* (♟, 86 ans)

Un autre a passé une partie de sa vie comme estimateur pour une compagnie de plomberie. Avec sa conjointe, il a mis à profit ses grandes ressources d'habileté sociale dans tous ses engagements bénévoles dans les organismes du quartier. Ils se sont ainsi construit un solide réseau d'amis.

« Quand on reste à la maison, on s'ennuie. Il faut sortir tous les jours. Cela nous apporte beaucoup de bonheur de voir nos amis. Cela nous change les idées, on ne pense pas à nos malheurs et on ne les anticipe pas non plus. C'est une bonne activité de sortir et d'aller aider les autres. On se sent utile. On s'informe des absents parmi nos membres. On s'inquiète de nos membres, on leur téléphone, on prend de leurs nouvelles. Un jour, on a presque sauvé la vie d'une femme âgée qui était malade toute seule dans sa maison. » (♟, 81 ans)

Et une dame de conclure : *« Vous savez, plus jeune, je n'étais pas comme ça, mais à la longue, à force de connaître les aînés, le plaisir d'être avec eux se développe rapidement. Je compte m'impliquer encore cinq ans. »* Son mari ajoute en riant : *« Et moi, tant que je pourrai danser. »* (♀, 80 ans)

Les bénévoles occasionnels

Il ne faut pas croire que le temps disponible est le seul facteur qui joue dans la décision de s'engager bénévolement. La motivation ne peut surgir que de la seule disponibilité, comme l'explique une dame :

« Je veux bien donner un coup de main, dépanner, mais pour le moment, je ne veux pas d'engagement ferme, je ne veux pas qu'on compte

sur moi dans un programme d'activités. J'ai pris ma retraite il y a 5 ans et je n'ai pas encore fait le tour de mon temps retrouvé. » (👩, 71 ans)

Une autre dame a fort à faire avec sa maison, son jardin, son chat. Pourquoi aller voir ailleurs ?

« *D'abord, il faut se tenir occupé pour ne pas devenir fou. Et ensuite, si on attend toujours que le gouvernement réponde à nos besoins, que nos enfants fassent ceci ou cela, on est toujours en attente et on est toujours malheureux.* » (👩, 73 ans)

Un jeune retraité a travaillé dans la restauration à plusieurs reprises. Quand il a connu le Chic Resto Pop, il a demandé à voir les cuisines. La propreté des lieux a, semble-t-il, satisfait ses exigences d'hygiène. Il en a donc fait sa cafétéria préférée.

« *Cela fait huit ans que je mange ici. Alors j'ai décidé de m'impliquer ici. On est tout un groupe à travailler et à blaguer ensemble sans pression. Cela me valorise, je me sens utile et cela paye quelques repas. Le plus important n'est pas de faire de l'argent, mais de faire des choses qu'on aime. C'est mon premier bénévolat social.* » (👨, 65 ans)

Enseigner le français à des enfants néo-québécois, aider aux devoirs, correspondre avec de jeunes raccrocheurs, faire des lessives de linge personnel au CHSLD, visiter des malades âgés, servir le repas du mardi à l'ASTA, ou de tous les midis à la Maison des aînés : ce sont des contributions ponctuelles, en sus de la routine personnelle des aînés, mais qui rapportent plus que le temps investi.

« *Pour moi, donner c'est recevoir. Je ne suis pas plus pauvre aujourd'hui parce que j'ai fait beaucoup de bénévolat. Je donne d'une main et je reçois de l'autre. Pas de la même façon ni de la même personne, mais je reçois.* » (👩, 69 ans)

« *Peut-être qu'un jour c'est moi qui en aurai besoin.* » (👩, 71 ans)

Parce que le quartier abrite plusieurs associations pour aînés, les personnes interviewées font très bien la différence entre le loisir qui désennuie et l'engagement social qui rejoint une autre dimension.

« *Moi-même, quand j'ai pris ma retraite, je me suis dit que je n'irais pas dans un club d'âge d'or pour entendre parler de pilules et de maladies. En fin de compte, j'aime ça. Je m'y suis fait un milieu social dans lequel j'ai du plaisir. Autrement, je me serais bercé sur le balcon? Les retraités qui se bercent ne vivent pas vieux.* » (♟, 78 ans)

Quand on a vu cette musicienne bénévole de 68 ans faire répéter sa chorale de personnes handicapées intellectuellement, on ne peut plus douter de la profonde gratification qu'elle y gagne. Devant elle, une vingtaine de chanteurs et chanteuses de 16 à 66 ans, en rangs instables, qui gardent les yeux rivés sur elle, mais qui ne suivent pas toujours les consignes. Patiente, elle reprend, interrompt, encourage, et la chorale finit sa dernière chanson en harmonie avec l'auditoire. Émouvant spectacle! Et quelle fierté chez la directrice de chorale qui a su mener ses chanteurs à bon port.

Y a-t-il des parcours de vie qui favorisent l'engagement social chez l'aîné? Le bénévolat requiert-il des qualités exceptionnelles?

« *Il n'est pas nécessaire d'avoir été engagé socialement plus jeune, il n'y a pas de préalable au bénévolat.* » Cependant, il ajoute: « *On peut cependant observer que ceux qui se sont engagés pendant leur vie active seront plus nombreux à le faire à la retraite. Ils sont plus conscients de ce qu'ils peuvent apporter.* » (♟, 68 ans)

Le plus étonnant est de constater la diversité des engagements qui intéressent des gens dont l'âge s'échelonne de 61 à 90 ans. On n'est plus vraiment ici dans la suite de l'action paroissiale et on parle du bout des lèvres d'une collaboration à des partis politiques. À Hochelaga-Maisonneuve, le bénévolat semble s'exercer principalement dans les domaines de l'action sociale et des soins aux siens.

CONCLUSION

Trente-deux aînés du quartier Hochelaga-Maisonneuve ont parlé. Ils se sont exprimés, sans préparation préalable, sur des thèmes que je leur ai proposés. Les rencontres se sont déroulées dans un climat de confiance, sans questionnaire. Les interviewés ont eu toute la liberté de se perdre dans leurs souvenirs et dans les anecdotes. Et même d'oublier le thème en question. Les propos enregistrés n'en sont pas moins intéressants et souvent émouvants.

Loin de moi l'intention de présenter les acteurs de ce livre comme représentatifs des aînés de Montréal ni même du quartier Hochelaga-Maisonneuve. Chacun a témoigné en son nom propre, à partir de son expérience. Je suis également consciente qu'ils ont été identifiés sur la base de leur appartenance à des organismes communautaires, faisant foi de leur engagement et de leur motivation à rester actifs au sein de la société. Et ils sont des milliers et des milliers comme eux, au Québec, à donner de leur temps et à partager leur expérience avec leurs concitoyens de tous les âges.

En dévoilant leurs réflexions, en révélant leurs opinions, je voulais apporter ma modeste contribution au renversement des préjugés qui alimentent l'âgisme. Préjugés entretenus par la méconnaissance de cette étape où, après leur retrait du marché du travail, les aînés continuent pourtant d'apporter leur concours à la bonne marche de la société.

Souhaitons que les prochaines cohortes de retraités, qui seront plus instruites et mieux préparées à affronter les changements démographiques, sachent briser le portrait négatif attaché au troisième âge et réussissent, de concert avec toutes les générations, à faire en sorte que les aînés ne se sentent plus comme un problème social et qu'ils fassent partie de la solution pour que tous puissent «vieillir heureux».

LEXIQUE

AQDR   **Association québécoise de défense des droits des personnes retraitées et préretraitées**
Association nationale vouée à la défense des droits culturels, sociaux et économiques des aînés, qui a des sections dans de nombreux arrondissements et villes au Québec.
www.aqdr.qc.ca

L'Association l'amitié n'a pas d'âge
Association qui a pour mission de favoriser le rapprochement entre les aînés et les jeunes pour le développement d'une société plus inclusive et solidaire.
www.amitieage.org

ASTA   **Amitié, service et troisième âge**
Cet organisme vise à améliorer la qualité de vie de ses membres par la participation à des repas communautaires et à des activités récréatives, sociales et culturelles.

Le Boulot vers...
Entreprise d'économie sociale et de réinsertion créée en 1983 qui offre un programme d'insertion sociale et professionnelle à des jeunes en difficulté âgés de 16 à 25 ans par le biais de stages en formation personnalisée dans une ébénisterie (atelier et bureaux).
www.boulotvers.org

CCSE   Centre culturel et sportif de l'Est

Organisme à but non lucratif qui offre des activités de formation et de loisirs variées à la population du quartier. Le Groupe Or et Argent s'adresse aux personnes de 50 ans et plus et a pour mission de briser l'isolement en leur permettant de devenir des bénévoles et en offrant des activités : peinture, sculpture, théâtre, informatique, conditionnement physique, danse, voyages, bingo, etc. www.ccsemaisonneuve.qc.ca

CHIC RESTO POP

Organisme communautaire et entreprise d'insertion et d'économie qui fournit des repas à prix modique à plus de 1 300 personnes par jour, tout en permettant à des personnes sans emploi de s'intégrer dans le marché du travail et dans la société en général. Il offre aussi des services communautaires : aide et information, encadrement et animation pour les enfants de milieux défavorisés.

CHSLD   Centre d'hébergement de soins de longue durée

Milieu de vie et de soins pour adultes en perte d'autonomie où les personnes résident en permanence. La mission du CHSLD consiste à offrir de façon temporaire ou permanente des services d'hébergement ainsi que des services médicaux et de réadaptation.

CLSC   Centre local de services communautaires

Il offre des services de santé et des services sociaux courants et de nature préventive ou curative à la population de son territoire. Il offre aussi des services de réadaptation, de réinsertion et de première ligne. Ligne Info-santé 24 heures sur 24, 7 jours par semaine pour des conseils, de l'orientation et des références.

ESPACES 50+

Mouvement sans but lucratif qui a pour mission de créer et de développer des espaces où les aînés peuvent affirmer pleinement leur statut de citoyens ; où ils peuvent mettre en valeur et en pratique leurs qualités physiques, intellectuelles et affectives ; où ils peuvent développer des appartenances à des réseaux en lien avec tous les âges.

www.espaces50plusmontreal.com

FADOQ **Fédération des clubs d'âge d'or du Québec.**
Réseau comptant plus de 250 000 membres au Québec. Promotion des droits des 50+. Activités d'éducation, de formation et de prévention, de même qu'activités sportives. La carte de membre offre de nombreux rabais et privilèges. La FADOQ publie le magazine *Virages*.

www.fadoq.ca

MAHM **Maison des aînés Hochelaga-Maisonneuve**
Organisme à but non lucratif qui offre des logements de qualité accessibles et sécuritaires à des aînés de 65 ans et plus qui disposent de faibles revenus et qui sont autonomes ou en légère perte d'autonomie.

La MAHM dispose d'un centre communautaire qui vise à promouvoir des activités de loisirs, des ateliers d'information et de formation destinés aux locataires et aux aînés du quartier.

PEC **Pavillon d'éducation communautaire**
Le PEC est un centre d'éducation populaire, c'est-à-dire un lieu de formation pratique et théorique non traditionnel où il est possible de s'informer, de se former et d'entreprendre des démarches d'éducation, d'insertion sociale et de prise en charge.

Le PEC aide plusieurs centaines de personnes par année à briser leur isolement et à construire un impressionnant réseau de solidarité, que ce soit dans le cadre d'ateliers de formation ou de loisirs socioéducatifs.

LISTE DES PARTICIPANTS

CLAUDE AMYOT

ANNETTE BENOIT, psa

GUY BIRON

RÉJEANNE BIRON

DENISE BRISEBOIS

JACQUES BRISEBOIS

PAULINE DABATE

THÉRÈSE DEXTRASE

PIERRETTE DUHAMEL

GEORGES DUMONT

MARGUERITE ELLENBERG

MARCEL GAUTHIER

YOLANDE GAUTHIER

ROBERT GERVAIS

NICOLE GUIMOND

GHISLAINE JARRY

RAYMONDE JULIEN

GUY LACHAPELLE, ptre

LISE LEBRUN, csc

MARGUERITE LECLERC

SUZANNE LESAGE

DENISE MARSAN

JEAN MARTIN

PAUL NORMANDIN

THÉRÈSE NORMANDIN

BERNARD PÉPIN

LUCILLE RACINE

PAULETTE RIVARD

JEAN-GUY RODRIGUE

RITA TÉTREAULT

LORETTA TOGNARELLI

JOCELYNE TOUPIN

Recyclé
Contribue à l'utilisation responsable
des ressources forestières

www.fsc.org Cert no. SGS-COC-003153
© 1996 Forest Stewardship Council

MARQUIS

Marquis imprimeur inc.

Québec, Canada

2010

Imprimé sur du papier Silva Enviro 100% postconsommation
traité sans chlore, accrédité Éco-Logo et fait à partir de biogaz.